博士文库

— 经济学 —

税收优惠影响企业微观主体行为的有效性研究

牛力 ◎ 著

知识产权出版社
全国百佳图书出版单位
— 北京 —

图书在版编目（CIP）数据

税收优惠影响企业微观主体行为的有效性研究/牛力著.
—北京：知识产权出版社，2023.9
（经济学博士文库）
ISBN 978-7-5130-8866-4

Ⅰ.①税… Ⅱ.①牛… Ⅲ.①税收政策－优惠政策－影响－企业行为－研究－中国 Ⅳ.①F812.422 ②F279.23

中国国家版本馆 CIP 数据核字（2023）第 152146 号

内容提要

企业税收优惠政策历来是减税降费的基本实现方式。立足新发展阶段，贯彻新发展理念，构建新发展格局，有必要对税收优惠政策制定与实施的有效性进行评估。本书基于税收效应理论、IAD 分析框架、交易成本理论阐释税收优惠影响企业微观主体行为有效性的理论依据，梳理改革开放以来企业税收优惠政策的变迁历程，实证检验税收优惠对企业投资、创新与环保行为的效应，进而提出提升税收优惠影响企业微观主体行为有效性的政策建议。

本书适合税收学专业的本科生、研究生或从事公共经济学理论与经验研究的学者使用。

责任编辑：曹婧文　　　　　　　　　　　　责任印制：孙婷婷

税收优惠影响企业微观主体行为的有效性研究
SHUISHOU YOUHUI YINGXIANG QIYE WEIGUAN ZHUTI XINGWEI DE YOUXIAOXING YANJIU

牛力 著

出版发行：知识产权出版社 有限责任公司	网　址：http://www.ipph.cn
电　话：010-82004826	http://www.laichushu.com
社　址：北京市海淀区气象路 50 号院	邮　编：100081
责编电话：010-82000860 转 8763	责编邮箱：laichushu@cnipr.com
发行电话：010-82000860 转 8101	发行传真：010-82000893
印　刷：北京中献拓方科技发展有限公司	经　销：新华书店、各大网上书店及相关专业书店
开　本：720mm×1000mm　1/16	印　张：10.25
版　次：2023 年 9 月第 1 版	印　次：2023 年 9 月第 1 次印刷
字　数：190 千字	定　价：68.00 元
ISBN 978-7-5130-8866-4	

出版权专有　　侵权必究

如有印装质量问题，本社负责调换。

前言
PREFACE

为应对国际金融危机对我国经济运行带来的负面影响，自2012年起，结构性减税被确立为积极财政政策的重中之重，此后，我国减税降费的力度与规模持续加大。操作层面上，企业税收优惠政策历来是减税降费的基本实现方式，具有操作便捷、机动性灵活性强、实施成本低、见效快等优点，但也存在政策出台频繁、正当性规范性不足、总量规模庞大且难以测度、目标分散多元、内容交错复杂等问题，导致政策效果相互抵消，企业名义税率下降空间有限而征纳成本居高不下。与此同时，税收对于维持国家安定与经济社会平稳发展具有重要的压舱石作用，税收收入规模的减少，直接影响到财政运行的长期可持续性。因此，把握新发展阶段、贯彻新发展理念、构建新发展格局，有必要对现有税收优惠政策影响企业微观主体行为的有效性进行评估，并从目标定位、方式选择、制定过程、政策执行、预算管理等方面对企业税收优惠政策进行优化与完善，从而夯实高质量发展的微观基础，维护并提升产业链、供应链的稳定性与竞争力，推动经济发展行稳致远。

基于上述研究背景，本书在已有文献的基础上，试图从多角度、多层次分析税收优惠影响企业微观主体行为的有效性。主要内容如下：第一，基于"成本-收益"的视角对企业税收优惠政策的有效性进行概念界定，借助税收效应理论、IAD分析框架、交易成本理论阐释税收优惠影响企业微观主体行为有效性的理论依据，由此归纳总结影响企业税收优惠政策有效性的主要因素，并基于新发展理念，厘清税收优惠影响企业投资、创新、环保行为的作用指向与机制；第二，梳理改革开放以来企业税收优惠政策变迁的历史进程，进而通过政策文本的量化分析，从效力级别、税种与税类、优惠对象、优惠方式、优惠水平等方面，描述、概括企业税收优惠政策的制定、实施现状及主要特点；第三，以沪深 A 股上市公司财务数据为研究样本，选取固定资产加速折旧政策、研发费用加计扣除政策作为外生冲击，利用倾向得分匹配法（PSM）、双重差分法（DID），对税收优惠影响企业投资与创新行为的有效性进行实证分析，同时，利用两阶段工具变量广义矩估计（IV-GMM）方法探究税收优惠对企业环保行为的激励效应；第四，基于笔者对粤、湘、辽、鄂、苏百余家企业实地走访调研所了解到的情况，以及笔者在德国联合培养期间搜集、整理的资料，对税收优惠降低企业实际税费负担的有效性、中德企业税收优惠政策制定的有效性、企业税收优惠政策实施的有效性进行调研案例分析与国别比较；第五，提出增强税收优惠影响企业微观主体行为有效性的政策建议。

基于以上分析，本书得到的主要研究结论为：

第一，通过对企业税收优惠政策的发展脉络与现状分析，研究发现：改革开放初期，企业税收优惠政策在招商引资、拉动地方经济增长、推动新老税制平稳过渡等方面确实发挥了积极作用，但政策制定以地方政府、行政部门主导为显著特征，不利于商品和要素的自由流动以及全国统一市场的形成，是企业税收优惠政策总量失控，统一性、规范性不足的历史根源；长期以来，企业税收优惠政策突出产业与区域导向，并在稳定税负约束下成为结构性减税的主要抓手，具有鲜明的局部性、临时性、差异化特点，虽能够定向施力、操作便捷，但极易对微观主体的市场预期形成干扰，加之政策间协同性不强，甚至相互冲突、抵消，其结果是，资源配置效率不佳，公平性缺失；当前，新一轮普惠式减税降费下的税收优惠举措，旨在以实质性减负让利固本培元、夯实税基，同时，以创新驱动拓宽新兴业态税源的增长空间，并以持续优化营商环境提升税收征管的效率，从而实现了政策目标、政策理念、政策内容向现代税收制度的转型。

第二，税收优惠影响企业微观主体行为的实证分析结果显示：在考虑个体、年份、行业固定效应的基础上，自 2014 年起分行业逐步扩围的固定资产加速折旧税收政策对企业投资具有显著的促进作用，相比于非试点企业，试点企业的固定资产投资水平增加了约 0.213 个单位，且在 5% 的水平上显著；资产负债率、大股东持股比例、净资产收益率等控制变量的系数均为正，表明上述指标取值越高，企业固定资产的投资规模越大。该结论通过了平行趋势检验、变换政策的实施时间、考虑营改增影响等稳健性检验；区域异质性检验表明，固定资产加速折旧税收优惠政策对西部地区企业扩大投资规模更为有效。

税收优惠影响企业创新行为的有效性方面，在考虑年份及行业固定效应基础上，2016 年颁布实施的普惠性研发费用加计扣除税收优惠政策能够使企业研发支出提升 22.4%，且在 1% 的显著性水平上显著；无形资产、净资产收益率、总资产、托宾 Q 值等控制变量的系数均为正，表明上述指标越高，企业的研发支出及创新能力越强；稳健性检验方面，该结论排除了营改增对回归分析结果的干扰；异质性分析结果显示，研发费用加计扣除政策在推动企业研发创新方面的有效性，对于大中型企业、国有企业、中西部企业与所处市场环境相对较差的企业更为明显。

税收优惠影响企业环保行为的有效性方面，无论是混合效应回归、固定效应回归还是采用两阶段工具变量广义矩估计（IV-GMM）方法进行回归，核心解释变量的回归系数均为正，并在 1% 的水平上通过显著性检验，其经济学含义是，税收优惠水平每上升 1 个单位，企业绿色发明专利的申请量将增加 5.54 个；其他控制变量系数的经济学含义是，企业总资产利润率越高、大股东持股比例越高、企业上市时间越长，企业绿色创新能力越强；异质性分析表明，税收优惠对企业绿色创新的推动作用仅对国有企业与东部地区企业有效，对民营企业、中西部地区企业的激励效果不明显；内生性检验方面，本书所选工具变量通过了弱工具变量检验、不可识别检验及过度识别检验。由此可见，本书对于工具变量的选取有效；上述分析结果通过了更换变量指标、对各变量在 1% 分位上进行双边缩尾处理等稳健性检验，表明研究结论真实可靠。

第三，税收优惠影响企业微观主体行为的调研案例分析结果表明：从国家层面看，减税降费工作以税收优惠为主要政策工具且成效显著，突出表现为企业总体的税费负担有所降低，但从企业微观主体行为的视角来看，减税效果具有一定的异质性，反映出部分税收优惠政策在落地过程中还存在制度与执行层面的政策偏差；从中德两国企业税收优惠政策制定有效性的案例比较来看，行政机构在政策动议、草拟、协商和修正等方面均发挥了关键作用，决策过程体现出明显的去中心化及分权特征，但中德两国在决策架构、利益相关者参与决策的功能与作用、决策结果的达成等方面仍存在明显差异；政策实施方面，企业在申报税收优惠过程中的制度性交易成本依旧高企，削弱了纳税人享受惠企减负红利的"获得感"。

结合上述研究结论，本书主要从以下几方面提出政策建议：首先，以科学简化的税收优惠政策设计推动企业实质性减负。具体而言，目标定位上，寓税收优惠的规范管理于税制优化的顶层设计；总量控制上，清理整合已有政策，形塑公平合理的税负结构；结构优化上，强化税收优惠培育创新发展新动能的导向作用；效益评价上，健全企业税收优惠政策效果的评估与监督机制。其次，以便捷高效的纳税服务推动企业遵从成本实质性降低,从而创设一视同仁、公平公正、开放透明的纳税营商环境,提升税收优惠政策制定的规范性、稳定性及可预期性,并通过以数治税、智慧管理推动企业税收优惠政策直达快享;同时,落实增强企业税收优惠政策有效性的配套改革措施。

本书的创新点主要体现在研究视角的创新。首先,本书基于企业微观主体行为的视角,综合考虑税收优惠政策实施的收益与成本,全方位分析了企业税收优惠政策有效性的理论内涵;其次,借助财政学、公共管理学、制度经济学等多学科理论,系统阐释税收优惠影响企业微观主体行为有效性的理论依据,并将企业税收优惠政策制定的规范性、政策实施的便利性等非市场性因素考虑在内,深化了税收优惠影响企业微观主体行为有效性影响因素的探讨;最后,利用自然语言处理工具等文本分析的量化研究方法,对企业税收优惠政策的发展脉络与现状进行梳理,是对已有文献的改进与完善。

目 录
CONTENTS

导论 ·· 1

第一章　税收优惠影响企业微观主体行为有效性的理论分析 ············ 22
　　第一节　相关概念界定及其衡量 ·· 22
　　第二节　税收优惠影响企业微观主体行为有效性的理论依据 ············ 31
　　第三节　税收优惠影响企业微观主体行为有效性的主要因素 ············ 36
　　第四节　税收优惠影响企业微观主体行为有效性的作用机制 ············ 39

第二章　企业税收优惠政策的发展脉络与现状分析 ·········· 47
　　第一节　企业税收优惠政策变迁的历史进程 ·· 47
　　第二节　企业税收优惠政策制定与实施的现状 ·· 50
　　第三节　企业税收优惠政策演进的主要特点 ·· 67

第三章　税收优惠影响企业投资行为有效性的实证分析 ············ 72
　　第一节　税收优惠影响企业投资行为有效性的分析框架 ······················ 72
　　第二节　税收优惠影响企业投资行为有效性的实证结果 ······················ 78

第三节　实证分析主要结论及问题分析 ……………………………… 84

第四章　税收优惠影响企业创新行为有效性的实证分析 …………… 85
　　第一节　税收优惠影响企业创新行为有效性的分析框架 …………… 85
　　第二节　税收优惠影响企业创新行为有效性的实证结果 …………… 92
　　第三节　实证分析主要结论及问题分析 ……………………………… 100

第五章　税收优惠影响企业环保行为有效性的实证分析 …………… 102
　　第一节　税收优惠影响企业环保行为有效性的分析框架 …………… 102
　　第二节　税收优惠影响企业环保行为有效性的实证结果 …………… 110
　　第三节　实证分析主要结论及问题分析 ……………………………… 119

第六章　税收优惠影响企业微观主体行为有效性的调研案例分析 … 120
　　第一节　税收优惠降低企业税费负担有效性的调研分析 …………… 120
　　第二节　企业税收优惠政策制定有效性的国别案例比较 …………… 125
　　第三节　企业税收优惠政策实施有效性的典型案例分析 …………… 128

第七章　提升税收优惠影响企业微观主体行为有效性的政策建议 … 131
　　第一节　以科学简化的税收优惠政策设计推动企业实质性减负 …… 131
　　第二节　以便捷高效的纳税服务推动企业遵从成本的实质性降低 … 135
　　第三节　增强企业税收优惠政策有效性的配套改革措施 …………… 136

研究结论与展望 ………………………………………………………… 139

后记 ……………………………………………………………………… 141

参考文献 ………………………………………………………………… 143

导 论

减税降费是应对日趋复杂的国际环境、实现高质量发展的重要政策内容，税收优惠则是减税降费的主要抓手与基本实现方式，其实施成效如何，颇受理论界、实务界与决策层关注，有必要展开深入研究。

一、选题背景与意义

（一）选题背景

为应对国际金融危机对我国经济运带来的负面影响，自 2012 年起，结构性减税被确立为积极财政政策的重点，且减税降费的力度与规模持续加大。根据我国历年《政府工作报告》所公布的数据，2016 年至 2020 年全国层面的减税规模不断增长，分别为 5700 亿元、1 万亿元、1.3 万亿元、2 万亿元、2.5 万亿元。2021年，减税降费政策聚焦支持中小微企业、科技创新、实体经济发展，对于稳定宏观经济基本盘、激发市场主体活力与创造力具有重要意义。实践层面上，企业税收优惠政策历来是减税降费的基本政策工具与实现方式，具有操作便捷、机动性灵活性强、实施成本低、见效快等优点，也确实在经济体制转轨、财政体制改革及新老税制转换过程中发挥了重要的衔接和补充作用，但存在不应忽视的问题。

第一，企业税收优惠政策出台频繁，而正当性、规范性不足，对税收法定原则形成侵蚀。税收法定主义一方面要求课税要素法定，即税收的开征等应当有法可依，另一方面也要求税务机关严格依法行政，不得擅自决定减免税，从而避免政府机关滥用公权力。理论上，税法的效力位阶越高，稳定性、可预期性则越强。然而，在我国，企业税收优惠政策常见于税收规范性文件、部门规章以及地方性行政法规，法律效力层级偏低且隐蔽性较强，并呈现出因"人"而异、因"事"而异、局部性、差异化等特征，而这一"特惠型"税收优惠政策导向极易引发税负分配的横向不公，也弱化了税法本身的权威性。

第二，税收优惠政策总量规模庞大且难以测度，目标分散多元，内容交错复杂，政策效果相互抵消，导致企业名义税率下降空间有限而征纳成本居高不下，企业减负"获得感"不强。从国家税务总局所公布的统计数据可以看出，2015年至2018年由中央政府颁布的税收优惠政策文件数量分别为255件、275件、381件、431件，其发展趋势由基本平稳转向井喷式增长。在这之中，以增值税与企业所得税优惠政策居多，涉及二者的政策文件数分别由97件增长至165件、由58件上升至82件。而上述数量庞杂、系统性协调性缺失的税收优惠也难免对市场机制作用的有效发挥形成干扰。同时，由于市场主体对企业税收优惠政策的预期不明，也增加了经济主体的选择与决策成本，其结果是，企业实际减税效果不彰，而征管成本高昂。

第三，在实质性减税降费深入推进、民生性财政支出刚性增长的共同作用下，财政赤字扩大、政府债务水平上升等公共风险亦有所攀升，由此对企业税收优惠政策制定与实施的质效提出了更高要求。

因此，基于立足新发展阶段、贯彻新发展理念、构建新发展格局、顺应高质量发展的目标要求，有必要对现有企业税收优惠政策的执行效果进行总结评估，从而明确新一轮普惠式、实质性减税降费背景下企业税收优惠政策的施力指向与作用方式，并逐步构建起符合公平与效率、兼具实质合理性和形式合法性的税收优惠政策框架。

（二）研究意义

1. 理论意义

第一，可深化对企业税收优惠政策有效性影响因素的认识。区别于已有研究侧重于对单一企业税收优惠政策经济效应的探讨，本书指出，企业税收优惠政策的制定与实施在取得经济收益与社会收益的同时需耗费巨额成本。从微观层面来看，税收优惠对企业投资、创新与环保行为的推动作用，不仅受到企业税收优惠政策总体水平与方式选择本身的影响，也与政策制定的组织机制与程序，政策执行是否便利、透明、公平等非市场性因素密切相关。因此，基于"成本-收益"的分析视角综合考量税收优惠对企业微观主体行为的影响，是对企业税收优惠政策有效性分析框架的有益补充。

第二，可厘清改革开放以来企业税收优惠政策变迁的演进逻辑。应客观看待企业税收优惠政策在改革开放初期招商引资、拉动经济增长，推动新老税制平稳过渡过程中所发挥的积极作用，以及企业税收优惠政策制定与实施过程中不合理、不公平、低效率等问题的历史根源。同时，梳理企业税收优惠政策的发展脉络可以发现，当前企业税收优惠政策转型的特点主要体现在目标转型、理念转型、内容转型三方面，并在政策制定的规范性、科学性以及政策实施的有效性方面日臻完善。

第三，可为进一步完善企业税收优惠政策的决策与运行机制提供经验证据支持。立足于近年来我国持续性推行减税措施的制度背景，本书运用现代经济学因果推断实证研究范式，聚焦于对企业生产经营及盈利能力至关重要的投资行为、创新行为与环保行为，定量评估税收优惠政策影响企业微观主体行为的传导机制与实际功效，并以科学简化的税收优惠政策设计推动企业实质性减负、便捷高效的纳税服务推动企业遵从成本实质性降低及相关配套改革措施等为基点，提出提升企业税收优惠政策有效性的政策建议。

2. 现实意义

第一，企业层面，近年来，我国的企业税收优惠政策具有出台频繁、总量规模庞大、类型复杂且惠企减负力度不断上升等特征，但部分企业税收优惠政策的实施效果与理论预期仍存在一定差距。因此，全方位考察企业税收优惠政策影响企业市场行为的有效性及存在的问题，有助于推动企业税收优惠政策安排趋向于规范、简明和公平，征管程序更为省时、经济、便捷，从而实现企业的实质性减税。

第二，政府层面，税收对于维持国家安定与经济社会平稳发展具有重要的压舱石作用，在其收入规模下降的同时，也对财政运行的长期可持续性提出了挑战。因此，考虑到未来一段时间内政府的财政收支关系，亟待优化以企业税收优惠为主要内容的减税方案政策设计，以"简税"推动企业实质性、普遍性"减税"，从而进一步拓展普惠式、实质性减税降费的政策空间。

第三，国家层面，税收是国家财政收入的主要来源、保障公民行使基本权利的资金基础以及对经济社会发展进行宏观调控的重要政策工具。因此，税收始终是牵动国家、企业与个人利益调整的焦点所在。而以鲜明的实质性、普惠性为特征的新一轮减税降费，应赋予企业税收优惠政策全新的、更为明确的功能定位，进而将具体的政策指引转化为实践，为高质量发展固本培元、增添动力。

二、国内外相关文献综述

本部分文献综述以企业税收优惠政策为逻辑主线，从企业税收优惠的相关概念界定与衡量、税收优惠政策制定与实施的规范性、影响企业税收优惠有效性的主要因素、税收优惠影响企业微观主体行为的理论依据及实证研究、完善企业税收优惠政策制定与实施的操作路径等角度展开。

（一）企业税收优惠的相关概念界定与衡量研究

企业税收优惠本属于财政收入的范畴，税式支出则从预算管理视角对税收优惠的方向与规模进行量化评估，二者具有天然的联系。考虑到数据的可获得性，已有文献在衡量企业税收优惠水平时主要采用的指标包括：有效税率或实际税率、税收返还率与隐性税率。

1. 企业税收优惠的界定与内涵研究

税收优惠是政府对纳税人的利益让渡，具体表现为对特定的行业、地区、纳税人、课税对象等的税收鼓励与照顾措施，旨在实现特定的政治、经济、社会发展目标，推动宏观经济平稳、健康运行。税收优惠的类型包括税收减免等（伍舫，2004）。换言之，税收优惠是在税法的普遍规定之外，对特定课税对象或是对少数纳税人给予的减征、免征等鼓励性、照顾性税负降低措施（汪华亮、邢铭强，2005）。国际金融危机爆发后，税收优惠成为结构性减税的主要抓手，旨在通过降低税负水平、调整税负结构等方式，实现刺激总需求、向私人部门释放流动性的政策目标（庞凤喜，张念明，2016）。新一轮减税降费仍以税收优惠为主要实现方式，但其特点已由差别性、临时权宜性转向更为鲜明的普惠式与实质性，且调控方式逐步向夯实税基、普降税率、专业化征管过渡（庞凤喜，牛力，2019）。

2. 税式支出的界定与内涵研究

税式支出以税收减征、免征为主要形式，旨在通过科学、规范、系统的预算管理，对税收优惠的总体规模进行全面计量与估算（乔燕君，2018）。"税式支出"这一概念最早源于美国财政部。虽然税式支出以税收抵免、减税为主要表现形式，但其本质上是征管部门将应征缴的税收收入以"优惠"的形式"反支出"于纳税人，实则是财政支出的特殊表现，按照这种相似性更应该将其按财政支出的方式进行管理与监督（Surrey，1973）。早在1981年，经济合作与发展组织（OECD）国家已就预算编制的公共部门职能转变、与私营部门对接、政府范围和规模、监管的作用、新组织形式、业绩目标和长期规划等问题进行了探讨，税式支出亦在其研究范围之内（Schick，2007）。美国联邦会计标准咨询委员会（FASAB）在

2016年对税式支出的概念界定是，税式支出包括税收抵免、减免和其他降低纳税人应纳税额的措施，其依据是税法对纳税人从事特定行为、面临特定环境或符合特定标准所做出的特殊性、激励性规定，而这一概念界定也被学术界认为是最新且最权威的版本（王淑杰，2017）。

3. 企业税收优惠水平的衡量方法及指标研究

衡量企业税收优惠水平的直接手段是统计企业实际享受的税收优惠总金额。但由于数据难以直接获得，已有文献大多以上市公司公开的年度财务报表作为数据来源，对企业因享受税收优惠而导致税负下降的程度进行指标构建，主要包括：有效税率或实际税率、税收返还率以及隐性税率。

（1）有效税率或实际税率视角

有效税率是指，企业在扣除加速折旧、投资抵免、即征即退、优惠税率、税额减免等之后的实际应纳税额或实际税负水平，直接反映了企业依税法计算的法定应纳税额与实际应纳税额之间的差额，因此，可作为企业税收优惠水平的衡量指标。有效税率的计算公式为：平均有效税率=所得税费用/（税前利润-递延所得税费用/法定税率）（Stickney, McGee, 1982）。另有学者构建了"平均有效税率=当前联邦所得税费用/[税前利润-未合并子公司的权益收益（+损失）+少数权益收益（-损失）]""企业平均有效税率=所得税费用/息税前利润""实际税率=（所得税费用-递延所得税费用）/（税前利润-递延税款变化额/法定税率）"等指标（Porcano, 1986；Shevlin, 1987）。吴联生（2009）则采用了上述四种方法对税收优惠公司与非税收优惠公司的实际税率进行测算。贾俊雪（2014）测算得出我国内资、民营和外商投资企业的前瞻性有效平均税率，并以此刻画税收优惠，其计算公式为"（项目收益税前净现值-项目收益税收净现值）×（1+实际利率）/名义贴现率"。

（2）税收返还率视角

部分学者通过企业财务报表中有关税费返还项目的信息测算企业的税收优惠水平。柳光强（2016）采用"收到的各项税费返还/（收到的各项税费返还+支付的各项税费）"指标。周燕和潘遥（2019）以企业财务报表中"收到的各项税费返还"这一科目及项下数据为基础构建企业税收优惠水平的统计指标。李涛等（2018）运用了"企业税收优惠=收到的各项税费返还/（收到的各项税费返还+支付的各项税费）"指标。郑贵华等（2019）将"实际所得税税率小于15%且收到的税费返还占支付的各项税费大于30%"作为税收优惠企业的分组依据。

（3）隐性税率视角

隐性税收是指在市场竞争机制与价格信号作用下，税收优惠资产的价格将有所上升，其结果是，税收优惠所覆盖的资产税前收益将低于非优惠资产，而较低的税前投资收益率对于纳税人而言实际上相当于缴纳了一笔"隐性税收"（Schols，Wolfson，1992）。因此，隐性税收的存在与高低可作为税收优惠政策有效性的衡量指标之一。其计算公式为：特定投资项目的隐性税率=（基准资产的税前收益-已调整风险的备选投资方案的税前收益率）/基准资产的税前收益。部分学者以上市公司的税负结构与市场份额为出发点，对"S-W"模型的适用范围与准确性进行了扩充研究，推导出上市公司隐性税负及隐性税率的量化指标，即"C-W"模型（Callihan，White，1999）。其计算公式为：隐性税率=（最高法定税率-企业平均有效税率）/（1-企业平均有效税率）。另有研究结果显示，企业的税前收益与享受的税收优惠之间具有负相关关系，这与隐性税收理论的假设不谋而合（Wilkie，1991）。可见，隐性税收的存在与否与高低水平可作为企业税收优惠有效性的判别标准之一。马念谊和吴若冰（2014）认为，针对中国制造业企业的税收优惠政策存在无效性，集中反映在企业承担的隐性税收问题。陈运森等（2018）基于2008年企业所得税改革进行实证检验，研究发现，改革后企业所承担的隐性税收大体一致，表明税收营商环境整体趋向于统一、公平、透明。

（二）税收优惠政策制定与实施的规范性研究

税收法定承载着廓清国家、市场与社会的关系，凸显人大主导地位，彰显纳税人同意和促进央地协同善治的四重使命（侯卓，2019）。然而，现实中，我国的企业税收优惠政策立法层级不高，规范性、正当性缺失，与税收法定主义原则相背离，其实际效果也有所减损。

1. 税收优惠政策制定规范性的实际状况

侯进令（2018）对我国创新创业税收优惠政策的规范性进行评价并进行问题分析。熊伟（2014）基于正当性与合法性、比例主义与法定主义分别对税收优惠政策的正当性与合法性进行考查。叶金育（2016）指出，改革开放以来，税收优惠的政策制定模式多采用"单一模式"而非"复合模式"，未来对企业税收优惠的政策制定程序进行优化和规范，应在税制简化、税权控制和税收立法现实的多重考量下统筹布局，从而实现对企业税收优惠政策的清理和类型化。曹胜亮（2020）认为，当前我国存在高度碎片化的地方税收优惠政策，导致实际税负在各地区间极不平等，扭曲了市场竞争机制，与竞争中立原则的基本精神相违背。

2. 税收优惠政策制定与实施存在的问题

张现彬和王莹（2017）认为，由地方政府颁布的税收优惠政策凸显了地方越权与税收法定之间的矛盾，且短期内难以清理，导致弊端日益突出。江苏省苏州市地方税务局课题组（2012）指出，我国税收优惠政策管理方式存在的问题包括：政出多门、缺乏一定的税收政策发布机制、重事前审核审批而轻后续管理、忽视优惠政策效应分析、部门间配合不利等。贾先川和朱甜甜（2019）将影响税收政策确定性的因素梳理为税收政策文件数量庞大且体系混乱、税制要素复杂且税收政策专业性强、税收政策调整频繁、税收政策解读不到位等。余红艳和袁以平（2018）将新时代背景下中国税收优惠政策治理的现实约束表述为：规模不可度量、预算难以监控、目标多元、政策逻辑缺乏、政策繁杂、效果模糊等。黄志雄和徐铖荣（2020）认为，2014 年国家出台了清理税收优惠政策的系列文件，但忽视了地方政府利益现实诉求和区域经济发展差异。

3. 提升税收优惠政策规范性的操作原则

魏雪梅（2017）从增强纳税人的纳税意识、切实保障纳税人权益、完善税收法律体系、健全各项税收制度与加强税收执法等方面阐述了加强税收法治的操作路径。王玮（2017）从事前控制、事中管控、事后弥补等多个方面提出增强税收优惠政策治理效能的措施。邢会强（2014）基于出台专门性的法律角度，提出规范税收优惠政策制定的操作路径。匡小平和肖建华（2008）指出，当前的税收优惠政策存在不利于创新主体培育、R&D 资本形成、激励创新人才及分散企业的创新风险等问题，具体成因可从优惠政策、优惠政策的税种分布、外部环境三方面加以解释，而在未来的自主创新税收优惠政策整合中，优惠目标、优惠方式与优惠重点三方面应成为具体操作的主要着力点。管金平（2020）认为，我国地方税收优惠政策治理应依托于《税收规范性文件制定管理办法》与《公平竞争审查制度实施细则（暂行）》，由政策制定机关开展税收规范性文件的清理工作，并对地方税收优惠政策可能对公平竞争产生的负面影响开展评估和审查。张婉苏（2022）认为，税收优惠政策的制定应遵循形式法治化与实质法治化的原则；其中，形式法治化要求将税收优惠政策的制定权授予具备信息优势的行政机关或地方政府；实质法治化要求在政策制定过程中引入多元参与机制；进而据此标准构建税收优惠政策清理机制。

（三）影响企业税收优惠有效性的外部因素研究

理论上，企业税收优惠有效性的影响因素既包括优惠方式、减免税水平等政策制定本身的经济因素，也包括外部环境因素。单就后者而言，已有文献大多聚焦于制度环境、地方政府的干预行为或竞争行为对于企业税负变动的影响，直接探讨制度环境对于企业税收优惠政策制定与执行效果调节作用的文献则相对较少，且对于税收征管、外部经济环境、企业政治关联等影响因素的研究也有待进一步拓展和深化。

1. 制度环境视角

部分学者聚焦于中国式财政分权的制度背景下税收优惠与企业税负的关系问题。张敏等（2015）认为，企业税负随财政分权程度的上升而上升。席建成和韩雍（2019）认为，在中国的制度背景下，经济分权对产业政策实施具有不利影响，政治上的相对集权则弱化了这一负面效应，综合二者之间的结果即为产业政策的最终成效。另有学者如李香菊和杨欢（2019）认为，强化财税政策的激励功效，可从优化市场环境和保护知识产权入手，同时应避免要素市场的扭曲效应。高楠等（2017）认为，对技术市场的高需求与对知识产权的保护力度是影响地区创新水平的关键因素。胡凯和吴清（2018）认为，改善制度环境对提升区域创新水平具有积极影响。林木西等（2018）认为，正式与非正式的制度环境分别通过硬约束、强激励和软约束、柔激励对企业研发创新产生影响，且区域制度环境与企业研发激励的关系呈现为倒 U 形曲线。刘慧龙和吴联生（2014）以制度环境对企业实际税率的影响作为切入点，探讨制度环境在地方政府竞争中的作用。

2. 地方政府行为视角

曹书军等（2009）在中国的财政分权体制下，借助地方政府行为的视角定量分析了上市公司的实际税负及"税率锁定"现象。刘骏和刘峰（2014）通过分析政府控制与企业税负的关系后得出结论，地方政府的行政级别与其控制企业的税负呈负相关关系。吴斌等（2019）认为，不同区域的实际税率与产业集聚的关系大体呈现 U 形关系，但结构性差异较为明显。郭杰等（2019）的研究表明，鼓励性政策对于相应行业的实际税率水平具有显著的调减效果，这一作用的实现有赖于降低被激励行业的征税努力。田彬彬等（2017）认为，地方政府间的逐底竞争通过吸引流动性税基实现本地经济增长与税收收入最大化，但客观上也降低了辖区内的企业税负。

另有学者关注到企业税收优惠在地方政府面对财政压力、开展税收竞争吸引优质税源等活动中所扮演的角色。唐飞鹏（2017）分析了地方治理能力对区域内工业企业利润的影响。申广军和邹静娴（2017）将企业与税务部门的关系作为中间变量，分析了企业规模与实际税率间的内在联系与作用机理。庞伟和孙玉栋（2019）的研究结果表明，从全国层面来看，增值税、营业税收入的实际分享比例对于区域的财政努力程度具有显著的提升作用，但这一作用效果在考虑地方政府竞争的影响后转为负面。邓慧慧和虞义华（2017）的研究表明，地方政府确实通过税收竞争来争夺资源与招商引资。孙刚（2017）通过度量地方政府的税收裁量权分析税收征管中的地方政府行为。潘孝珍和庞凤喜（2015）指出，中国各区域间的企业名义税率竞争比实际税率竞争更为激烈。

3. 其他研究视角

从税收优惠政策设计本身来看，吴松彬等（2019）通过实证检验了降低税率与研发费用加计扣除两项税收优惠政策的有效性。汪冲和江笑云（2018）的研究结果显示，受税收优惠与企业选拔等因素的影响，企业的营收规模明显上升，但同时也提高了企业在下一个经营年度不能持续获得减免的可能性。水会莉和韩庆兰（2016）指出，企业所得税税收政策较增值税更能促进民营企业的研发投入。

从政企关系角度看，许玲玲（2017）认为，政治关联对高新技术企业认定的技术创新激励效应的调节作用，在较多政府干预、较低金融发展水平与较低知识产权保护的地区才显著。黄一松（2018）通过企业政治关联、成本与税收优惠的关系出发，探讨了基于不同的产权性质，政治关联程度与政治关联成本对企业享受税收优惠水平所产生的差异性影响。另有学者认为，几乎所有的区域性税收优惠政策都面临严重的行政缺陷，决策者应考虑到行政陷阱以及区域激励计划的经济特征（McLure，1980）。

（四）税收优惠影响企业行为的理论依据研究

基于已有文献，本部分将企业行为作为逻辑主线，重点从企业投资行为、创新行为、盈利行为、环保行为等视角，对制定与实施企业税收优惠政策的理论依据展开分析。

1. 税收优惠影响企业投资行为的理论依据研究

新古典投资理论认为，税收主要通过影响资本使用者成本进而对企业投资产生影响（Jorgenson，1962）。有研究表明，税收抵免和投资扣除形式的税收优惠对企业投资具有更为积极的作用，成本也相对更低（Mintz，1988）。

税收优惠对企业对外投资的影响方面，部分研究指出，税收优惠将对其投资决策产生重要影响（Forsyth，Docherty，1972）。部分学者提出了税收优惠的信号理论，其含义是：税收优惠可以作为一种由本国政府对 FDI 释放的信号，引导其进入税收优惠区域，并促进当地经济的发展（Bond，Samuelson，1986）。张先锋等（2013）基于我国 1999—2010 年的省际面板数据展开分析，聚焦于税收与 FDI 之间的非线性关系，研究结果表明，税收优惠与 FDI 之间具有倒 U 形曲线关系。袁晓玲和吕文凯（2019）则认为，税率优惠对于长期获得外商直接投资的理论效应并不确定。赵灿等（2022）利用固定资产加速折旧带来的税收政策实验，考察税收优惠与企业风险承担的关系，以及税收激励通过缓解融资约束、增强资本投资与研发创新投资等提升企业风险承担水平的中介机制作用。

2. 税收优惠影响企业创新行为的理论依据研究

依据熊彼特的技术创新理论，科技创新往往具有高投入、高风险的特征，通常来说，大企业资金雄厚，有能力承担科技创新的高投入与高风险，但是，中小企业由于受到资金与资源不足等问题的制约，在实现技术创新方面存在挑战。有研究结果表明，从社会层面看，研发活动投资水平偏低的主要原因是市场结构的缺陷和研发活动的异质性。因此，政府有必要通过税收优惠等政策工具，实现大、中、小各类型企业的均衡发展，从而实现社会经济平稳持续增长（Dasgupta，Stiglitz.，1980；Spence，1984）。但也有学者对税收抵免政策的研发活动激励效应持怀疑态度（Eisner，Sullivan，1984）。另有学者从信息不对称理论、委托代理理论及挤出效应理论入手探讨政府行为对企业创新的抑制作用（曾萍，邬绮虹，2014）。

3. 税收优惠影响企业盈利行为的理论依据研究

部分学者从理论上就增值税影响资本收益率的作用机制展开研究，其观点是，增值税已通过价格转嫁至最终消费者，因而增值税对企业资本收益率的影响表现为中性（Pierce et al.，2000）。另有研究表明，企业在高税率影响下通过转让定价转移市场利润进而降低跨国公司盈利水平，但税收优惠能够缓解跨国公司税负抬升的问题（Haufler，2000）。王素荣和刘宁（2012）指出，净利润主要来自企业的生产经营活动、投资收益以及国家的税收优惠政策，净利润从账面上看表现为企业扣除所得税后的余额。

4. 税收优惠影响企业环保行为的理论依据研究

褚睿刚（2018）从环境税与税收优惠双向出发，分析税收优惠影响企业环保创新的作用机制，其中，税收优惠作为正向激励措施，通过降低企业税负，引导污染企业将资金流向环境创新领域。木其坚（2019）认为，税收优惠作为经济型产业政策工具，是推动节能环保产业发展和经济发展的新兴绿色动能。刘田原（2020）认为，以减免和返还为主要手段的税收优惠政策是保障环境税顺利实施的重要工具，有利于改善生态环境、保持生态平衡。

（五）企业税收优惠的社会经济效应实证研究

企业税收优惠的社会经济效应涉及面广泛，已有文献大多从投融资、研发创新、慈善捐赠、扩大就业、环境保护等角度对该问题进行探讨。

1. 企业税收优惠投融资效应的实证研究

投资方面，江笑云等（2019）认为，税收优惠政策对缓解企业融资约束的效应主要体现在债务融资和资产扩张等方面。刘啟仁等（2019）认为，作为一项税收优惠政策，2014年颁布的固定资产加速折旧政策，其激励效应对于偏好长期投资及急需固定资产投资的企业而言更为明显。冯海红等（2015）认为，税收优惠政策的投资激励效果仅存在于一定门限区间内。程静和陶一桃（2020）认为，所得税税率优惠能够增强企业固定资产和研发投资偏好而降低权益性投资偏好，同时，所得税税率优惠效应呈现出行业、城市和产权性质的异质性。

融资方面，王春元和叶伟巍（2018）认为，融资约束对上市公司研发创新的影响在不同地区、所有制性质及行业存在差异。林小玲和张凯（2019）研究发现，企业所得税减免通过提升企业内源融资水平从而增加了全要素生产率。于海珊和杨芷晴（2016）认为，税收优惠的投融资效应对中小企业具有"累积效应"，其激励效果并不明显，甚至产生了负效应。还有学者指出，州政府推出的税收优惠政策在各州间形成零和博弈，因为使用者成本在本州与竞争州之间同比例增长，以至于未对本州的资本形成产生影响（Chirinko，Wilson，2008）。李炳财等（2021）考查了税收激励对风险资本投资决策的影响，结论显示，税收优惠提高了风险投资企业的平均投资金额，但对投资数量无显著影响，这一机制是通过提高投资比例和支付更高的投资价格，从而增强创业企业的资金扶持来实现的。袁淳和盛誉（2021）着眼于税收优惠影响企业边界的视角，研究指出，固定资产加速折旧政策通过缓解企业融资约束提高了企业纵向一体化水平。吕敏和杨娜（2022）认为，加速折旧政策通过前期多计提折旧、后期少计提折旧的办法增加了企业期初费用，对于中小企业成长性有显著的正向作用。

2. 企业税收优惠研发创新效应的实证研究

目前，学界对企业税收优惠研发创新效应的探讨已较为充分，且大多对其积极作用表示肯定，相关研究主要从以下视角展开。

（1）税收优惠对企业研发支出与研发强度的影响

税收优惠对企业研发支出的影响方面，部分研究发现，州政府颁布的税收优惠政策能够有效促进本州企业的研发支出（Wilson，2009）。部分研究指出，R&D税收抵免会导致中小企业的R&D支出增加，且研发税收抵免对流动性约束公司的影响远远大于不受约束的公司（Kobayashi，2014）。部分学者给出了私人R&D支出对其价格弹性的实证证据，研究发现，意大利公司对降低研发资本使用成本的政策措施（包括税收抵免）的反应可能很大（1.50~1.77），且R&D支出的弹性在经济衰退期（2.01）高于扩张期（0.87）（Parisi，Sembenelli，2003）。另有学者考察了税收优惠对台湾制造业企业研发活动的影响，利用倾向评分匹配（Propensity Score Matching，PSM）方法估计表明，R&D税收抵免的接受者相较于不接受税收抵免者R&D支出平均高出53.80%，而R&D支出的增长率没有显著提高（Yang et al.，2012）。陈远燕（2016）研究指出，财政补贴在推动企业创新方面比税收优惠更有效。石绍宾等（2017）通过定量分析验证了企业所得税优惠政策的研发创新激励效应。陈东和邢霖（2020）研究表明，税收优惠与内部控制对企业研发投入具有显著的促进作用，且内部控制正向调节税收优惠与研发投入之间的关系。韩风芹和陈亚平（2020）对高企认定背后的政策迎合式研发投入行为进行了识别，同时考查了高新技术企业税收优惠以及政策迎合式企业研发投入行为对企业研发绩效的影响。陈菲菲等（2022）则从企业创新链视角论证了加计扣除政策的创新收益效应。

税收优惠对企业研发强度的影响方面，有学者认为，使用者成本降低10%导致企业在短期内的研究强度（研发支出与销售的比率）平均提高19.8%（Rao，2013）。吴松彬等（2018）研究表明，R&D税收激励与高新制造企业创新投入的关系呈现为倒U形曲线，从短期来看这一积极效果并不明显，但就长期而言，税收激励对企业研发创新具有明显的挤入效应。崔也光等（2017）分析了以所得税优惠为主的财税政策对企业研发强度的作用效果，并验证了区域创新能力对财税政策与研发强度关系的调节作用。

但也有学者对魁北克省R&D税收激励的有效性进行了评价（Rumina et al.，2015）。李万福和杜静（2016）将企业的R&D调整成本考虑在内，实证检验了企业税收优惠政策的实际激励效果，研究结果显示，税收优惠对企业研发确实具有促进作用，但随着调整成本的增加而逐渐减弱。

（2）税收优惠对企业创新活动及总产出的影响

在税收优惠对企业全要素生产率及创新活动的影响方面，部分学者认为，对R&D更慷慨的税收待遇将导致企业全要素生产率的积极增长，且对于离技术前沿更远的行业而言这一效应更为明显（Minniti，Venturini，2017）。部分学者考察了R&D税收抵免对加拿大制造公司创新活动的影响，研究结果显示，在大多数情况下税收抵免的接受者都表现更佳（Czarnitzki et al.，2004）。另有研究表明，企业获得税收抵免的项目会促进其开发新生产工艺和新产品，同时，与其他公司合作的公司更有可能在其创新活动中取得成功（Cappelen et al.，2012）。薛钢等（2019）研究发现，研发费用加计扣除税收优惠能够有效激励企业的全要素生产率，这一作用效果尤其表现在资源密集型企业。李香菊和贺娜（2019）认为，税收优惠对当期与未来的企业技术创新均具有提升作用。杨晓妹和刘文龙（2019）分别从整体、产权性质和创新分层三个维度系统评估了财政R&D补贴、税收优惠对制造业企业实质性创新的影响。张妍等（2022）利用上市公司信息和专利数据，通过双重差分法检验了增值税转型改革带来的减税对企业创新的影响。

税收优惠对企业总产出的影响方面，部分学者研究了R&D支出对产出的影响，并预测了区域强化的R&D税收抵免对R&D支出"使用者成本"的影响以及随后对R&D的需求（Harris et al.，2009）。潘孝珍（2017）认为，税率减免有利于企业提高科技创新水平。部分学者研究了各项高新技术企业优惠政策是否能促进创新产出、如何促进创新产出以及可能存在的差异性和异质性。胡慧芳等（2022）基于研发投入和研发绩效的双角度综合验证财税政策对企业研发活动的影响实效。

另有学者对税收优惠的创新激励效应持相反意见。魏紫等（2018）的研究结果表明，针对小微企业实施的企业所得税优惠政策，对于固定资产净收益率、企业净利润、固定资产投资规模等经营指标具有明显的提升作用，但对于提高企业的研发能力则效果不彰。席卫群（2017）研究发现，企业税收优惠政策有利于推动优势产业进一步发展壮大，但对于中小企业的推动作用以及税收征管方面仍存在不足。王登礼等（2018）的研究结果显示，"研发费加计扣除政策"促进企业研发创新的作用效果具有行业间、创新主体间、不同规模企业间的异质性，但更主要还是体现在战略性新兴产业上。杨国超和芮萌（2020）基于2008年开始实施的

《高新技术企业认定管理办法》这一具体的产业政策，研究了产业政策实施中的激励效应与迎合效应。研究发现，产业政策既可能会激励公司创新，也可能导致公司仅仅为表面迎合政策要求，而无意于真正从事创新。

（3）税收优惠对企业创新激励效果的总体评价

总体而言，多数学者对税收优惠的创新激励效果持肯定态度。部分学者以英国的创新政策为样本，对其服务业与制造业中小企业的激励效应展开评估（Foreman，2013），研究发现，对中小企业实施税收优惠的成本是昂贵的。另有学者通过测算某公司因收购而支付的税款变化来探究杠杆收购的税收优惠政策有效性（Newbould et al.，1992）。包健和蒋巡南（2017）针对高新技术企业税收优惠中的隐性税收问题，对税收优惠政策最终效果的差异性进行研究。梁俊娇和贾昱晞（2019）分别以税率优惠和税基优惠为代表的所得税直接和间接优惠方式为研究对象，对比分析其对创新的激励效果。韩仁月和马海涛（2019）认为，在不同的税收优惠方式作用下，企业研发投入的激励效应具有异质性，且不同激励政策的作用效果相互抵减。孙玉栋和孟凡达（2016）以企业的税负感知为切口研究了税收优惠政策效果的影响因素。唐红祥和李银昌（2020）通过实证研究发现，税收优惠与企业绩效存在显著的正相关关系，且营商环境和企业性质对其正向调节作用显著。王春元和于井远（2020）认为，资金充足、融资约束压力小的大企业、独占性程度高的企业偏向选择税收优惠政策，税收优惠政策对企业自主创新具有促进作用。贺炎林等（2022）认为，税收优惠对于促进技术创新的效果更显著，且税收优惠与政府补贴的政策搭配，可以通过缓解企业融资约束、改善企业人力资本的配置对技术创新产生积极影响。另有学者如韩凤芹和陈亚平（2021）研究认为，税收优惠并没有明显提升企业开展突破性创新的意愿，也没有明显提升被技术市场认可的程度，同时对企业所处产业链位置也没有明显提升作用。

3. 企业税收优惠慈善捐赠效应的实证研究

王硕等（2019）的测算表明，企业慈善捐赠水平的上升将导致捐赠收益率的提高，对于企业而言，对捐赠收益的预判对于其是否进行慈善捐赠投入具有重要意义；所得税率的降低有利于企业增加捐赠投入，同时，慈善捐赠的税前激励政策也对企业增加捐赠投入具有促进作用，在这一作用机制下，企业捐赠收益率与企业捐赠意愿均呈现增长态势。杜兰英等（2017）结合资源依赖理论和社会交换理论分析了税收优惠政策对民营企业公益性捐赠的激励效果。曲顺兰和武嘉盟（2017）认为，税收优惠对于企业慈善捐赠规模的增加具有促进作用。

另有学者对鼓励慈善捐赠的企业税收优惠政策存在的问题进行了探讨。贺宏（2018）指出，所得税优惠对慈善捐赠的激励效应存在政策不明确、个人捐赠税前扣除不允许结转等问题。杨娟（2017）分析了现行慈善信托所得税优惠制度所依据的行为课税理论及其不足。赵廉慧（2016）探讨了对慈善信托施以税收优惠的理论依据及其与慈善信托设立和审批之间的动态关系。

4. 企业税收优惠就业促进效应的实证研究

吴小强和王海勇（2017）基于大众创业的激励视角，阐释了在经济新常态下，通过所得税优惠政策促进居民就业的目标、原理、现状以及存在的主要问题。李颖（2017）的研究指出，现实层面上，我国确已出台并实施了一系列激励居民就业的税收优惠政策，但对于形成就业创新的动力机制依旧存在不足。重庆市税务学会课题组等（2017）剖析了当前安置残疾人就业税收优惠政策存在的问题，认为主要体现在顶层设计、执行机制、监督机制等维度。赖勤学和颜慧萍（2015）认为，促进残疾人就业的税收优惠政策应随时代变化而优化。何代欣等（2015）指出，扩大就业创业市场的财税政策取向应落实公益性职业培训项目的税收优惠及补贴等。谢申祥和王晖（2021）的研究显示，固定资产加速折旧政策显著增加了企业雇佣劳动者的数量，且发挥了更强的产出效应，可通过促进企业扩大产量从而增加就业规模。熊瑞祥和刘威（2022）研究了税收优惠对就业与工资的影响，指出以增值税转型为代表的税收优惠政策，显著降低了企业的资本相对价格，进而通过资本替代劳动的机制显著减少了雇佣人数与人均工资。汪冲和宋尚彬（2022）基于人才聚集与收益共享的视角，对研发投入的劳动收入份额效应展开研究，结论显示：加计扣除政策促使劳动要素收入占企业增加值的份额提高 0.9 个百分点，增长约 2.15%。

5. 企业税收优惠环境保护效应的实证研究

毕茜和李虹媛（2019）通过实证检验了绿色税收优惠通过降低调整成本从而推动企业绿色转型的实际效应，并指出激励效果随产权与市场环境变化的异质性。何凌云等（2020）比较分析了政府补贴、税收优惠、低利率贷款等产业政策对企业绿色技术创新的实际效应，研究显示，政府补贴的激励作用最佳，且政策效果对于不同区域、不同类型的所有制企业具有异质性。刘畅和张景华（2020）认为，企业承担环保责任有利于降低自身税负水平，非污染企业的减税效应最为显著，且债务融资在这一过程中发挥中介效应。解洪涛等（2019）认为，资源综合利用税收优惠政策对制造业绿色技术创新的促进作用并不明显，并从优惠政策认定条件、鼓励企业研发和应用环保技术等方面提出改进建议。部分学者研究发现，企业实际税负的变动趋势与企业环境责任呈正相关，而企业的税收优惠水平与环境责任之间的关系呈现为负相关。黄维娜和袁天荣（2021）研究了绿色产业政策对企业绿色并购的影响。于连超等（2019）研究认为，环境税显著促进了企业绿色创新，但这一政策效应仅体现在国有企业中。丁丁和王云鹏（2020）认为，促进低碳经济发展的税收优惠政策，应着力推进资源税、碳税和所得税的改革，进一步梳理并制定《低碳经济税收优惠指引》，并确定相对较长的施惠时期，进而引入第三方客观、中立地评估优惠政策的实施效应。

（六）完善企业税收优惠制定与实施的操作路径研究

落实税收法定主义方面，侯欢（2017）指出，提升税收优惠政策制定的规范性与规则度，有赖于软法与硬法的协同共治。欧阳天健（2016）针对自贸区的税收优惠政策，提出基于税收法定、税收中性、比例原则等对税收优惠的正当性进行评价。李为人和陈燕清（2019）从规范立法、拓宽范围、改善政策和优化程序等方面提出优化税收优惠政策体系的对策建议。

优化税收优惠的政策设计方面，程瑶和潘旭文（2018）从普惠式税收优惠、采用税收抵扣方式、放宽技术转让优惠条件、对发明专利制定特殊的优惠措施等方面，提出优化专利税收优惠制度设计的操作路径。管永昊等（2016）认为，促进企业创新能力的提高，应当从完善税收优惠激励体系、调整申报办理税收优惠的适用门槛等角度入手。陈思瑞（2019）认为，我国应当重视税收间接的、全方位的优惠，包括研发费用、研发设备等层面，与此同时，在推动制造业转型发展的过程中重视人才的关键作用。杨磊（2019）提出，优化、完善企业税收优惠政策的操作路径，应当从税收抵免、健全体系、巩固中小企业的税收优惠等方面重点施力。崔惠玉等（2022）指出，必须兼顾区域差异和行业差异，进一步优化税收优惠政策体系。

（七）文献述评

适应经济高质量发展的目标要求，新一轮减税降费体现出鲜明的实质性与普惠性特征。企业税收优惠政策作为减税降费的主要抓手与基本实现方式，亦受到学术界的普遍关注。

已有文献的贡献主要体现在：第一，阐明了税收优惠影响企业行为的理论依据和作用机制；第二，开始关注到制度环境、地方政府行为、税收征管强度等对企业税收优惠激励效果的调节作用；第三，为企业税收优惠政策的社会经济效应，尤其是企业税收优惠的创新研发效应，包括税收优惠对企业研发投入、研发强度、全要素生产率等的影响，提供了丰富的实证分析证据。

而已有文献存在的不足包括：一方面，侧重于对企业税收优惠的经济效应而非有效性进行探讨，强调企业税收优惠可能带来的经济效益与社会效益，但忽视其政策制定与实施过程中客观存在的效用减损，从而未触及当前企业税收优惠政策靶向不明、规模难以度量、调控效果不彰等问题的实质；另一方面，尚未厘清当前企业税收优惠政策效力级别偏低，政策制定与实施过程规范性、透明性缺失等问题的内在机理。

本书将在如下方面继续深化该领域问题的研究：以企业经营绩效为核心，从政策内容、政策制定、政策实施等层面构建企业税收优惠有效性的分析框架；进一步地，立足于企业投资行为、创新行为与环保行为，全面评价税收优惠政策的执行效果与微观影响，从而提升已有经济理论对税收优惠政策实践的解释力与指导意义。

三、本书的基本思路与主要内容

（一）基本思路

因循理论分析、现状分析、实证分析、调研与案例分析、政策建议的行文逻辑，本书的主要内容、研究框架、技术路线等具体如图 0-1 所示。

（二）主要内容

本书立足于近年来我国持续性推行减税措施的研究背景，对企业税收优惠政策的实施范围、减税力度、操作路径及实践效果进行定量评估。需要说明的情况如下。

第一，为统筹考虑企业市场行为受税收优惠政策的综合影响，本书所指的企业税收优惠政策采用广义概念，即国家在税收法律、行政法规、行政规章等框架内，对企业纳税人及相关课税对象所给予的全部鼓励性、照顾性措施，包括减税、免税、出口退税、优惠税率、先征后返、税额抵扣、税收抵免、税收饶让、加速折旧、税项扣除、投资抵免、亏损弥补等。

第二，对企业税收优惠政策有效性的考量可从宏观与微观视角分别展开。前者将企业税收优惠视作熨平经济周期下行波动的宏观调控手段，对其有效性的衡量主要在于企业税收优惠的实施是否能够通过市场传导机制引致供给增加、需求扩大等乘数效应，最终实现供需总量平衡、实际产出率接近潜在产出率以及经济增长。后者则将税费负担视作影响企业经营绩效的关键因素，而政府关于企业税收优惠政策的改变将最终影响到企业的生存境况与市场竞争力。因此，基于企业

税收优惠影响企业微观主体行为的有效性研究

行为微观视角对税收优惠政策有效性的衡量，主要从税收优惠能否切实推动企业经营绩效提升角度进行探讨。本书的研究视角属于后者。

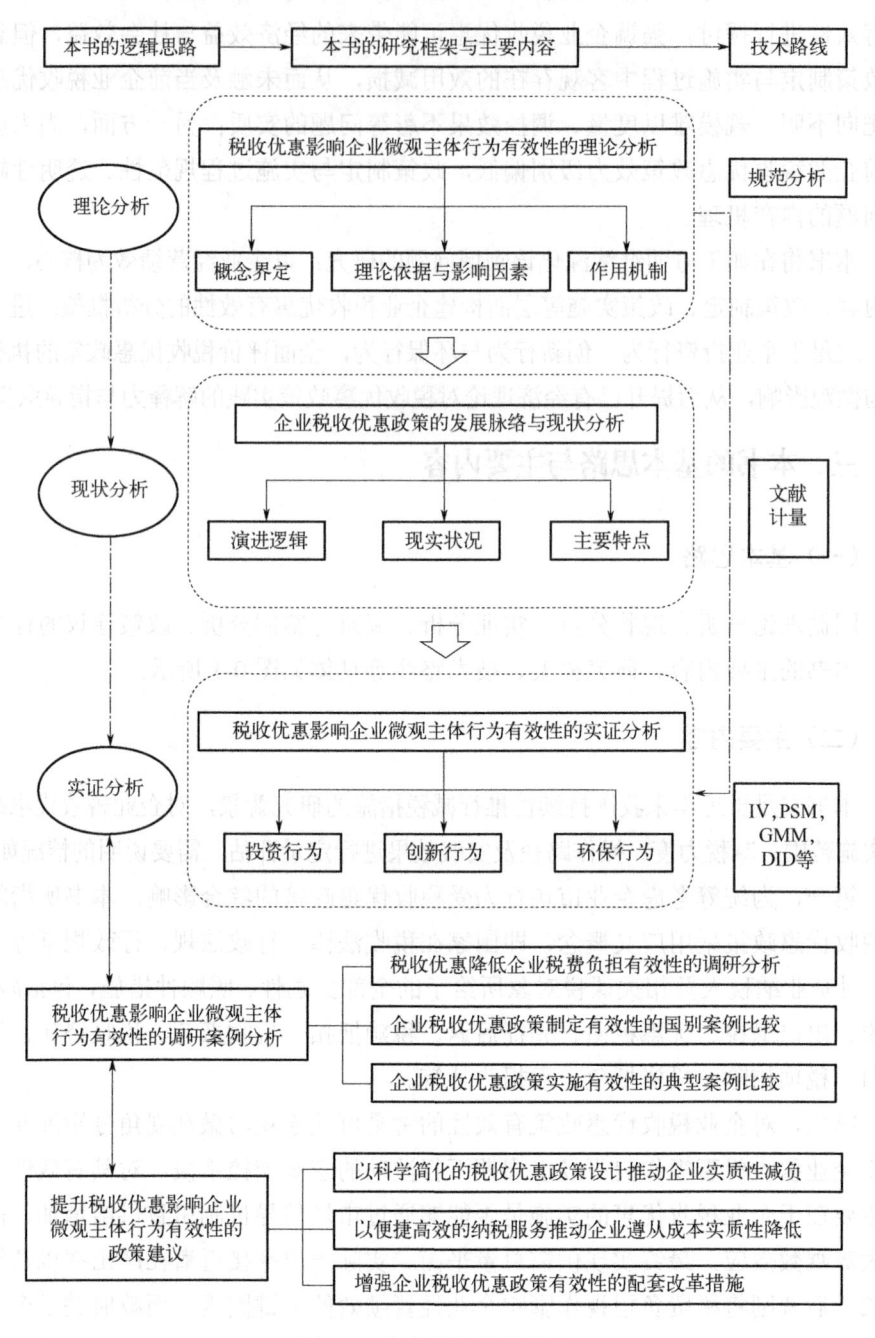

图 0-1 本书研究技术路线

第三，企业微观主体行为的具体形式复杂多样，而依据企业运营流程对其市场行为进行分类，可将企业市场行为内嵌于投资、生产、销售三大环节。进一步在经济新常态下以创新驱动、高质量供给引领和创造新需求加快企业向绿色低碳转型的总目标，本书聚焦对企业生产经营及盈利能力至关重要的投资行为、创新行为与环保行为，分析企业税收优惠政策的传导机制及引致效应。

第四，为全面评估各部门出台的企业税收优惠政策总体规模及实施效果，本书侧重于对企业税收优惠减税总量而非减税结构进行考察，即不再区分企业税收优惠政策具体的产业导向或区域导向。

本书理论分析、现状分析、实证分析的具体安排如下。

理论分析部分，首先对企业税收优惠及企业微观主体行为进行概念界定，进而基于"成本-收益"的分析视角厘清企业税收优惠有效性的内涵。然后，基于税收效应理论、IAD分析框架以及交易成本理论，从税收优惠对企业微观主体行为的激励效应、企业税收优惠的政策制定程序与组织机制、企业税收优惠的政策执行效率与遵从成本等方面，分别阐释税收优惠影响企业微观主体行为有效性的理论依据。由此，可将税收优惠影响企业微观主体行为有效性的主要因素概括为：企业税收优惠政策的总体水平与方式选择、企业税收优惠政策制定的法定性与规则度、企业税收优惠政策执行的确定性与便利度。最后，顺应经济新常态，加快企业向绿色低碳转型的总目标，本书聚焦对企业生产经营及盈利能力至关重要的投资行为、创新行为与环保行为，分析税收优惠影响企业微观主体行为有效性的传导机制及引致效应。

现状分析部分，首先梳理改革开放以来企业税收优惠政策变迁的演进逻辑，进而借助政策文本的量化分析，基于效力级别、税种与税类、优惠对象与优惠方式、优惠水平等视角，对企业税收优惠政策的制定与实施现状进行归纳总结。纵观企业税收优惠政策的变迁历程可以发现：企业税收优惠政策实现了由经济高速增长到高质量发展的目标转型；实现了由差别性、临时性到普惠式、实质性的理念转型；实现了由总量型需求管理到结构型供给侧调整的内容转型。而本轮以实质性、普惠性为鲜明特征的税收优惠政策，对于培育经济发展新动力、创设公平营商环境、有效提升市场活力无疑具有积极意义。

实证分析部分，基于因果推断的实证分析方法对税收优惠影响企业投资行为、创新行为与环保行为的有效性进行检验。第一，以2014年起针对部分行业渐进式施行的企业固定资产加速折旧税收优惠政策为外生冲击，依托沪深A股上市公司在2010—2017年的财务报表数据，构建起双重差分模型（Difference-in-Difference，

DID），实证检验税收优惠影响企业投资行为的有效性；第二，立足于 2016 年研发费用加计扣除政策的实施，以沪深 A 股上市公司 2013—2018 年财务报表数据为研究样本，利用倾向得分匹配-双重差分法（PSM-DID）对税收优惠影响企业创新行为的有效性进行实证检验；第三，基于 2010—2017 年企业微观层面的财务数据及绿色专利数据，利用两阶段工具变量广义矩估计（IV-GMM）方法对税收优惠影响企业环保行为的有效性进行实证检验。

调研与案例分析部分，依托对粤、湘、辽、鄂、苏等地百余家企业的实地走访调研，以及笔者借联合培养之便在德国搜集、整理的文献资料，对税收优惠降低企业实际税费负担有效性、中德企业税收优惠政策制定的国别比较、企业税收优惠政策实施的有效性进行典型案例分析。研究发现：以税收优惠为主要抓手的减税降费政策效果在企业微观层面具有明显的分化；同时，企业在申报税收优惠过程中的制度性交易成本依旧高企，削弱了纳税人享受惠企减负红利的"获得感"；政策制定的国别比较方面，中德两国的行政机构在企业税收优惠政策动议、草拟、协商和修正等方面均发挥了关键作用，但两国在决策架构、利益相关者参与决策的功能与作用、决策结果的达成等方面仍存在明显差异。

政策建议部分，沿袭上述分析思路，本书从政策内容、政策制定、政策实施等方面，提出增强税收优惠影响企业微观主体行为有效性的实现路径。具体包括：以科学简化的税收优惠政策设计推动企业实质性减负；以便捷高效的纳税服务推动企业遵从成本实质性降低；同时，落实相关配套改革措施。

四、本书的研究方法

本书综合运用文献研究法、规范分析法、文本分析法、实证分析法对企业税收优惠政策的有效性展开研究，具体如下：

（1）文献研究法

通过研读经济学、财政学、税收学、公共管理学等领域相关文献和经典著作，了解企业税收优惠政策相关选题的研究进展，包括企业税收优惠的相关概念界定与衡量、影响企业税收优惠有效性的主要因素、税收优惠影响企业微观主体行为的理论依据与经济效应、完善企业税收优惠制定与执行的操作路径等，从而归纳总结已有文献存在的不足，并在此基础上提出本书的边际贡献。

（2）规范分析法

第一，基于企业行为的微观视角，阐释企业税收优惠政策有效性的内涵与衡量标准；第二，基于税收效应理论、IAD 分析框架、交易成本理论，阐释税收优惠影响企业微观主体行为有效性的理论依据；第三，系统梳理改革开放以来我国企业税收优惠政策的发展脉络、制定与实施的现状及主要特点；第四，剖析当前企业税收优惠政策在制定与执行层面存在的问题及成因，并据此提出增强税收优惠影响企业微观主体行为有效性的政策建议。

（3）文本分析法

基于政策文本的量化分析，本书对企业税收优惠政策的制定与实施现状进行梳理。具体而言，以全国人民代表大会、国务院、财政部、国家税务总局、海关总署、地方各级政府等部门颁布的企业税收优惠政策为研究对象，从政策效力级别、优惠税种、优惠方式、税收优惠水平等角度进行归纳与统计。

（4）实证分析法

以国泰安CSMAR数据库当中收录的上市公司财务报表数据为依托，本书分别利用双重差分模型（DID）、倾向得分匹配-双重差分法（PSM-DID）、两阶段工具变量广义矩估计（IV-GMM）方法的因果推断方法对税收优惠影响企业投资行为、创新行为与环保行为的有效性进行实证检验与效应评估。

第一章

税收优惠影响企业微观主体行为有效性的理论分析

税收的本质是公民为购买政府所提供的公共产品及服务所支付的价格，也是维持国家运转、保障国家职能发挥的主要资金来源。政府制定税收优惠政策的动因包括经济效益与社会效益，客观上也对企业微观主体行为产生直接影响。但不容忽视的是，税收优惠政策的制定和实施过程需耗费巨额成本，进而对其作用效果形成减损。为更好地从理论上分析税收优惠影响企业微观主体行为的有效性，需要明确其理论依据、影响因素及作用机制。

第一节 相关概念界定及其衡量

税收优惠既是各国税收制度中不可缺少的重要组成部分，也是每个纳税人依法享有的权利。税收优惠本身承载着矫正市场失灵、提升经济发展效益的公共政策目标，并客观上对企业微观主体行为产生直接影响。为此，首先对企业税收优惠与企业微观主体行为进行概念界定，进而基于企业微观主体的研究视角，阐释企业税收优惠的有效性及其衡量标准。

一、企业税收优惠

（一）企业税收优惠的定义

税收优惠是政府借助税收法律、税收行政法规、部门规章等政策工具，出于实现一定时期的经济社会发展目标,对特定的地区、产业、企业、课税对象等实施的激励性税收减免措施(伍舫,2004)。税收优惠本身是政府对纳税人的利益让渡,而税收优惠的受益主体则是指获得税款利益的企业纳税人与自然人纳税人(潘孝珍,2014)。长期以来,我国税制结构以增值税与企业所得税占优,税收收入超九成来自企业,相应地,企业税收优惠也成为税收优惠政策的主要落脚点。单就企业税收优惠而言,从狭义来看,其具体形式包括减税、免税、出口退税和优惠税率等,而广义的税收优惠还包括先征后返、税收抵免、税收饶让、加速折旧、税项扣除、亏损弥补、延期纳税、盈亏相抵等使纳税人减轻或免除税收负担的鼓励性、照顾性规定(孙红梅,刘学之,2009)。单就本书而言,企业税收优惠属于广义口径。

政府制定税收优惠政策的动因可归纳为以下方面:第一,市场失灵构成政府以"有形之手"干预经济的前提和基础。以典型的企业创新行为为例,技术研发往往具有极强的不确定性及外部性,导致企业用于研发投资的私人回报率低于社会回报率,企业的创新动力不足,而税收优惠则能够起到降低企业创新成本的作用(Yang et al.,2012)。第二,税收优惠的政策制定与实施可以具有较强的靶向性,因而成为政府对经济运行进行宏观调控的重要工具,从而实现特定阶段的经济发展目标。例如,我国在2008年推出的结构性减税政策,即针对国际金融危机对我国经济平稳运行所造成的不利影响所做出的应对措施。彼时,结构性减税以税收优惠为主要依托,在稳定税负的前提下,通过有保有压、税负的结构性调整刺激需求、向私人部门释放流动性,以最终实现总供给与总需求的平衡。第三,与基础设施建设、劳动力技能培训等改善投资环境的公共政策相比,地方政府在税收优惠政策制定与实施上具有一定程度的可支配权力,如审批过程中的自由裁量权等,与此同时,企业税收优惠在实际操作中相对灵活与隐蔽,因而成为地方政府招商引资、开展区域间税收竞争的常见方式之一。第四,税收优惠还成为各国开展税收竞争的主要手段,以便在全球范围内广泛吸引技术、人才等优质资本(Carvalho,2012)。

(二)企业税收优惠的类型

企业税收优惠的类型,可依据政策目标、政策效力级别、税种类别、优惠形式等标准进行划分。具体而言:

第一,依据政府宏观调控的政策目标,可将企业税收优惠形式划分为激励型税收优惠与照顾型税收优惠。前者是指,国家为扩大企业投资、促进科学技术进步与创新、节能减排与环境保护等而出台的激励型税收优惠政策。后者是指国家出于平衡区域间经济发展水平的差距、扶持和保护中小企业发展、提高整体社会收益等而对市场主体给予的照顾性措施。例如，基于新型冠状病毒肺炎疫情防控和经济社会发展的要求，对增值税小规模纳税人、个体工商户给予税费优惠，对小型微利企业和个体工商户延缓缴纳2020年所得税。

第二，从税收优惠政策的制定程序与效力级别来看，企业税收优惠包括由中央政府与地方政府批准或颁布的行政法规、地方性法规、部门规章、地方政府规章、规范性文件等。

第三，从税种类别来看，企业税收优惠覆盖企业所应缴纳的各个税种，但总体以增值税优惠、企业所得税优惠为主。

第四，基于税制要素的构成类型，税收优惠的具体操作手段可概括为税基式减免、税率式减免、税额式减免以及纳税时间调整等。

① 税基是政府课税的客观基础，是政府运用税收手段对国民经济进行宏观调控的重要施力指向，而狭义的税基则是指计税依据。所谓税基式税收优惠，即降低纳税人依据税法规定计算应纳税额的法定基础，从而起到减轻纳税人税负的作用，具体包括提高纳税人起征点和税项扣除等。

起征点是税法规定对课税对象开始征税的最低界限，在实际操作中，收入未达到起征点的所得额不纳税，收入超过起征点的所得额按全部课税对象纳税。由此可见，提高企业所得税的起征点能够实质上免除部分企业的纳税义务从而减轻其税收负担。例如，自2019年1月1日起，将小微企业、个体工商户和其他个人的小规模纳税人的增值税起征点由月销售额3万元提到10万元。

税项扣除是税法规定纳税人可以将符合规定的特殊支出项目按照一定的比率或全部从应税对象中扣除，从而降低纳税人的计税依据，减轻其税收负担。

② 税率是征税对象的征收比例，是计算税额的尺度，也是衡量纳税人税负轻重的重要标志，具体形式包括比例税率、定额税率、超额累进税率、超率累进税率等。所谓税率式税收优惠，即允许符合税法规定的纳税人适用较低一档的税率从而减轻其税收负担。

③ 税额式减免是纳税人根据课税依据及税率计算出应纳税额的基础上，在税法允许的范围内少缴或免缴部分税额，税收负担由此有所降低，具体包括税收减免、税收抵免、优惠退税、税收饶让等形式。

税收减免是对部分纳税人应纳税额的直接减征或免征。例如，新型冠状病毒肺炎疫情期间延续实施新能源汽车免征车辆购置税政策，对列入目录的新能源汽车免征车辆购置税。

税收抵免是指,允许纳税人将其某些合乎规定的特殊支出,按一定比例或全部从其应纳税额中扣除,从而降低纳税人的实际负担。

投资抵免可能面向所有形式的资本投资,但也可能仅针对特定类型,例如针对企业在先进技术设备、技术研发等方面的投资抵免优惠。

优惠退税是指政府出于某种特定的政策目的而对纳税人已纳税款或实际承担的税款予以退回,多表现为出口退税、先征后返、先征后退、即征即退、再投资退税等。

税收饶让是指居住国政府对其居民在国外得到减免税优惠的那一部分,视同已经缴纳,同样给予税收抵免待遇,不再按居住国税法规定的税率予以补征。其目的在于避免或消除法律性或经济性国际重复征税,具体体现在双边或多边的税收条约之中。

④ 通过纳税时间的调整延迟纳税人缴纳税款的时间,从而有利于短期内增加企业的现金流,使纳税人获得资金的时间价值,降低当期的税收负担水平,具体包括免税期、延期纳税、加速折旧、延长亏损结转年限等。

免税期是在一定期限内对纳税人纳税义务的临时性减免或减除,可针对纳税人的收入、财产、销售额、增值税或其他税种设定免税期,部分国家以此吸引外商直接投资或激励特定产业的发展。例如,为支持西部大开发,中西部地区受国家鼓励的外商投资企业在 5 年的减免税期满后,还可延长 3 年减半征收所得税。

延期纳税是指允许纳税人将其应纳税款延迟缴纳或分期缴纳,表现为将纳税人的纳税义务向后推延,其实质上相当于在一定时期内政府给予纳税人一笔与其延期纳税数额相等的无息贷款,这在一定程度上可以帮助企业缓解暂时性的财务困难。例如:受疫情影响,2020 年 5 月 1 日至 2020 年 12 月 31 日,小型微利企业在 2020 年剩余申报期按规定办理预缴申报后,可以暂缓缴纳当期的企业所得税,延迟至 2021 年首个申报期内一并缴纳。

加速折旧是指政府出于增加部分行业或部门投资的目的,由税法做出特殊规定,允许纳税人在固定资产投入使用初期提取较多的折旧,而随着机器设备使用年限的增加,每年提取的折旧比例依次递减,使纳税人当期需要缴纳的税款转移到以后年份缴纳从而提前收回投资成本。

一般而言,企业纳税年度发生的亏损准予向以后年度结转,而弥补亏损的年限增加,对于科技型企业、初创企业等前期融资规模较大、风险较高、投资回报周期较长的企业而言,则能够充分享受政策红利,缓解企业的暂时性困难。例如:国家鼓励的线宽小于 130 纳米(含)的集成电路生产企业,属于国家鼓励的集成电路生产企业清单年度之前 5 个纳税年度发生的尚未弥补完的亏损，准予向以后年度结转，总结转年限最长不得超过 10 年。

（三）企业税收优惠的衡量

衡量企业税收优惠最为直接、客观、恰当的方法莫过于对所有企业实际享受到的税收优惠方式和金额进行统计。可能的途径包括：第一，依据现行税法规定，享受所得减免优惠政策的纳税人，须填报《减免所得税优惠明细表》（A107040），[①]内容包括农、林、牧、渔业项目，线宽小于 130 纳米的集成电路生产项目，线宽小于 65 纳米或投资额超过 150 亿元的集成电路生产项目等 9 项，涉及优惠事项名称、优惠方式、项目收入、成本、税费、纳税调整额、减免所得额等内容；第二，国家税务总局定期开展减免税统计调查工作，依据企业填写的《企业减免税调查表》，我们也可对企业实际享受的税收优惠水平管窥一豹；第三，国家税务总局每年对全国税式支出基础信息进行整理统计，内容包括现行有效的减免税政策代码、税收优惠政策名称、涉及税种、优惠方式与金额等。但问题是，上述涉税信息并未向社会公开，且宏观、中观维度的统计数据无法适用于微观视角的企业行为研究。因此，本书需要基于数据可得性，构建衡量企业税收优惠水平的绝对指标与相对指标。

基于数据可得性，本书借鉴潘孝珍（2014）的做法构建企业税收优惠水平的衡量指标，具体计算方式如式（1-1）、式（1-2）所示：

$$实际税收优惠率 = 法定税率 - 实际税率 \quad (1\text{-}1)$$

$$实际税费返还 = 收到的税费返还 - 支付的各项税费 \quad (1\text{-}2)$$

其中，为测度政府以税费形式分享企业经营成果的实际水平，进一步提高企业税费负担度量的客观性与准确度，我们对企业实际税率进行定义，以反映在统一的标准化税制体系下企业的实际税费负担水平，具体如式（1-3）所示：

$$企业实际税率 = \frac{向政府实缴并负担的各项税、费及基金}{营业收入} \times 100\% \quad (1\text{-}3)$$

需要说明的是，在计算分子部分时，考虑到税收优惠、财政补贴、退税等制度安排，且不同产业、行业、规模的企业所适用的税率也有所区别，因此，须扣除企业实际收到的税收返还及财政补贴。

[①] 详见国家税务总局公告 2021 年第 34 号。

同时，通过企业的现金流量表，我们可以得到企业收到的税费返还、支付的各项税费等财务信息，从而将企业收到的企业所得税、增值税、营业税、消费税等税种的税收返还水平囊括在内。

而在实践中，考虑到上市公司能更好地贯彻会计准则及审计准则对财务报表的编制要求，因而其财报具有较高的规范性和可信度，且可比性和可获得性更为占优；同时，上市公司因其生产经营规模大、现金流量水平高，其所覆盖的负担类型更为全面，而获利能力强弱与上市与否关联较小，且信息的全面性、真实性更强，因而具有较强的指导价值。因此，本书以上市公司财务数据为依托对企业税收优惠水平进行测算，在操作层面具有可行性，且计算结果较为可靠。

（四）企业税收优惠与相关概念的比较分析

财政补贴、税式支出是与税收优惠相关但存在差异的两个概念。首先，财政补贴与税收优惠均可作为政府对企业的援助手段，但其经济属性、影响企业微观主体行为的作用机制、偿还方式等明显不同。税式支出是出于预算编制的需要对税收优惠进行考量。具体而言：

企业财政补贴是政府为实现特定政治经济目标，通过影响市场生产要素配置与产品价格，对企业进行的单方面、无偿性财政支出，在会计核算中属于非经常性损益性质，直接构成企业利润总额的一部分。企业财政补贴主要包括但不限于与研发创新有关的项目申请拨款补助、专利申请资助经费、发展基金、新产品补助等、企业贷款的财政贴息、环保治理资金补助等。企业财政补贴与税收优惠均可用于矫正因外部性、信息不对称问题所造成的市场失灵问题，但其主要区别在于：税收优惠主要通过减轻企业经营成本从而增加企业利润，财政补贴则通过企业经营收入的增加从而提升其利润水平；税收优惠发挥作用的前提在于经济主体需符合优惠条件，对企业微观主体行为的影响具有诱导性、激励性与间接性，多属于事中或事后环节，而财政补贴虽不存在上述限制，但对于筹备期、初创期的企业同样可以产生激励效果；通常而言，企业是否能够享受到财政补贴，取决于该企业是否被列入补贴名单，而税收优惠功效的发挥本身源于企业的纳税义务；税收优惠具有直接偿还性的特点，但是，财政补贴大多来源于国家税收，而企业履行纳税义务与享受财政补贴不存在一一对应的关系，因此，财政补贴具有非直接偿还性的特点。

税收优惠的施行对于国家而言属于财政收入的损失，因而可被视作一项财政支出，从预算管理的角度看，这项支出被称作"税式支出"。税式支出的概念源于美国财政部,其理由在于,税收优惠在事实上已成为一项庞大的补贴,仅有特定机构或特定领域受益。1974 美国国会通过 The Congressional Budget and Impoundment Act（CBA）,将税式支出定义为"由于联邦税法允许的特殊抵免、优惠税率、纳税义务免除等条款而导致的财政收入损失",并将税式支出正式列入预算。此后,德国、法国、英国、日本、澳大利亚等主要发达国家也逐步建立起本国的税式支出制度作为财政管理的重要工具,并对税式支出的范围、判断标准、优惠代码、计算方法等作出明确规定。由此可见,税收优惠与税式支出虽指向同一笔资金,但研究视角有所不同,前者属于财政收入的范畴,后者属于财政支出的范畴。由于本书从企业行为的微观视角分析税收优惠政策的经济效应,不涉及税式支出预算管理的范畴,因此,本书仍以"税收优惠"作为主要研究对象。

二、企业微观主体行为

企业微观主体行为是指企业为实现包括营销、创新、人力、财务、设备、生产、利润、社会责任等目标而从事的有规则的活动。从企业运营流程来看,企业微观主体行为具体包括投资行为、生产行为、分配行为、交换行为等。就本书而言,税收优惠本身承载着政府矫正市场失灵、提升经济发展效益的政策目标,因此,对于企业税收优惠影响企业微观主体行为有效性的考察,侧重于从税收优惠影响企业投资行为、创新行为与环保行为的经济效应展开分析。

（一）企业投资行为

企业投资行为是指企业为了在未来可预见的时期内获得收益以及资金增值,而在一定时期内向一定领域投放资金、实物或货币等价物的经济行为。依据资金流向不同,企业投资可划分为内部投资与外部投资。内部投资通常是直接投资,如长期资产投资与流动资产投资等,是指企业出于生产经营需要而对内购置资产的投资行为;外部投资是企业出于资金增值等需要对外投资的行为,具体包括现金、实物、无形资产、股票、债券等。从投资形式来看,企业投资可分为实物投资与证券投资。其中,实物投资是以归企业所有且未设立任何担保物权的实物作为出资方式的投资,具体包括建筑物、厂房、机器设备等。证券投资是指企业通过买卖股票、债券、基金券等间接投资行为赚取资本利得、利息以及差价等行为。依据投资内容,企业投资又可细分为固定资产投资、无形资产投资、其他资产投资、流动资产投资、房地产投资、有价证券投资、期货与期权投资、信托投资和保险投资等。

（二）企业创新行为

企业创新行为是指企业通过采用新产品、新生产方法、新的原材料来源、新企业组织方式，或者是通过开拓新的销售渠道等方式，塑造新的市场竞争优势，实现自身经营目标，提升企业的盈利水平。企业的创新过程是变未知为已知、由知之甚少转向知之甚多的过程，难以对创新结果进行准确预判，因而具有探索性、不确定性、风险性、复杂性等特点。从内容来看，企业创新行为包括制度创新与技术创新两方面。前者是指通过对企业组织与管理方式进行调整甚至变革，从而减少企业生产成本与制度性交易成本；后者则是指企业通过开发新技术、新产品、新工艺、新资源来创造新产品的行为。由于激励企业创新的税收优惠政策主要面向企业的生产过程，侧重于更新产品结构、完善生产工艺、提升产品性能等活动，因此，本书所指的企业创新行为主要包括开拓新产品、新技术、新方法等内容。

（三）企业环保行为

企业环境责任的产生是社会文明发展到一定阶段的产物。随着工业革命的发展与生产力水平的提高，企业在不断发展壮大的同时，对资源的消耗、废弃物的排放急剧增长，环境公害频繁发生，生态环境不断恶化，由此引发了社会各界对企业环境责任的重视。企业作为重要的市场参与主体，开始将环境保护、环境管理纳入企业的经营决策，从而寻求自身利益与经济、社会、环境可持续发展的和谐统一。因此，企业环保行为可概括为企业为实现经济效益与环境效益的统一，履行对生态环境保护、社会可持续发展的社会责任而从事的环境管理及环境治理等行为。

税收可作为企业环境保护行为的外部约束条件。一方面，依据外部性理论，通过对排污企业征税的方式使企业社会成本内在化，使私人的边际收益与社会的边际收益保持一致、私人的边际成本与社会的边际成本保持一致；另一方面，通过对环保技术与设备、资源综合利用、环境服务等的税收减免降低企业的环境治理成本，从而发挥税收优惠对企业从事绿色创新与环保行为的激励和引导作用。

三、企业税收优惠政策的有效性

税收优惠是政府出于矫正市场失灵、鼓励技术创新、扶持特定区域或产业发展等目的而对纳税人进行的利益让渡。其对于政府而言属于当期的收入损失，对于企业而言则有利于减轻税负、改善财务状况、缓解生存压力。所谓企业税收优惠的有效性，主要是基于"成本-收益"的分析视角，通过探讨税收优惠的实际执行效果来研究其政策效应如何（James，2010）。而企业税收优惠有效性的衡量，则是对其政策目标完成状况的测度。

从以政府为主体的宏观视角来看，企业税收优惠政策的有效性具体是指，实施税收优惠政策的收益，包括因税收优惠的施行所带来的企业投资增加、技术进步、税源扩大、税收收入总量提升等经济性收益，以及就业增加、环境改善等社会性收益，是否能够弥补甚至超过税收优惠政策实施的成本，包括政府向纳税人提供税收优惠政策所直接造成的税收收入损失、由于某项税收优惠政策的施行对市场主体行为所造成的扭曲（Zolt，2015）、纳税人为申报享受税收优惠所付出的遵从成本（Parys，James，2010）、部分纳税人为获得某项税收优惠而对财务数据进行调整甚至欺诈所引致的额外成本、税务机关为执行某项税收优惠政策所付出的管理成本、在税收优惠政策制定与实施过程中可能出现的权力寻租及腐败所引致的效率损失等（Tikhonova，2017）。具体如图 1-1 所示。影响税收优惠政策有效性的主要因素具体见本章第二节论述。

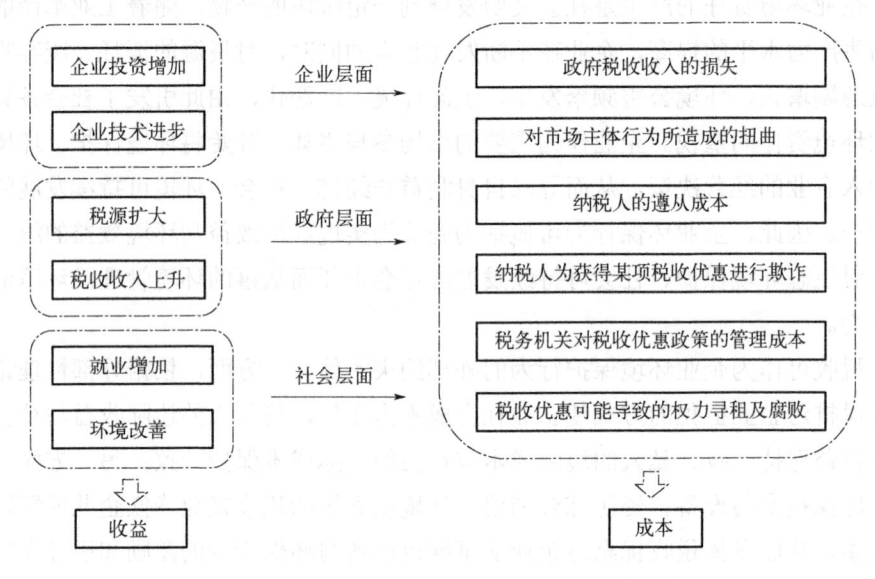

图 1-1 企业税收优惠政策制定与实施的成本及收益

从以企业为主体的微观视角来看，企业税收优惠政策的有效性则是指：税收优惠是否对企业的市场行为，如投资行为、创新行为、环保行为等产生正向引导作用。换言之，企业利用税收优惠红利，是否能够切实追加投资、扩大生产、改进生产技术、增设环境保护与节能设备、改善盈利能力与市场竞争力。

第一章　税收优惠影响企业微观主体行为有效性的理论分析

但在实践中，从宏观层面上对企业税收优惠的有效性进行度量缺乏可行性。其原因在于：从成本角度看，我们无法直接测算政府因实施税收优惠而放弃的税收收入；即便从间接成本来看，我们也无从得知因税收优惠导致的某项投资增加对其他投资项目产生的挤出效应及由此引致的机会成本，如被挤出投资项目本可能产生的税收收入、经济利润、社会效益等；同时，税收优惠政策制定与实施过程中产生的遵从成本、管理成本、制度性交易成本等通常是无法量化的。从收益角度看，由于我们无法比较在其他条件不变的情况下，未施行该项税收优惠政策的经济效应如何，因而我们也无法准确度量税收优惠实施的具体收益，如更高的税收收入、投资规模、创新活动、就业水平等；更何况，如果税收优惠的实施存在外部性，对其收益的度量难度更大。因此，本书主要采取因果推断的实证分析方法，从企业行为的微观视角入手，对企业税收优惠的有效性展开研究。

第二节　税收优惠影响企业微观主体行为有效性的理论依据

基于税收效应理论、制度分析与发展框架（IAD 理论框架）以及交易成本理论，从税收优惠的政策内容、政策制定与政策实施三方面，探析税收优惠影响企业微观主体行为有效性的理论依据。

一、税收效应理论：税收优惠对企业微观主体行为的激励效应

税收效应是指，政府征税对纳税人行为产生的影响或变化，可从微观层面与宏观层面进行分析。微观层面的税收效应，主要是指课税对企业等微观主体行为及福利水平产生的影响，宏观层面的税收效应，则是指税收对宏观经济波动所引起的效应。本书所指的税收效应侧重于税收优惠对企业微观主体行为的激励效应。具体而言，从税收优惠对企业投资行为的激励效应来看，企业所得税的折旧扣除条款或投资税收抵免有利于降低资本使用者成本，从而提升企业的投资水平；创新方面，税收优惠通过研发费用加计扣除、降低企业所得税税率、延长亏损结转年限、提高职工教育经费税前扣除标准等降低企业创新行为的成本与风险；环保领域，税收优惠通过科技创新、降低融资成本、风险补偿及信号传递等对企业环保及绿色创新能力发挥促进作用。

首先，税收优惠影响企业投资行为的有效性可具体细化为税收优惠激励企业投资规模、投资结构、投资效率等方面的作用效果。具体来看，第一，从总量角度来看，反映企业投资总体规模的指标包括存量总额、增量总额及相对增长率；第二，反映企业投资结构的指标包括企业固定资产投资与金融资产投资的比率，在此之中，固定资产投资是反映企业建造和购置固定资产活动总量的综合指标，是社会固定资产再生产的主要手段；金融资产投资主要是指企业购买的有价证券或掌握的有关方面的债权或股权，如政府债券、公司债券、商业票据、可转让存单、投资基金等。企业投资结构同时也是反映企业金融化的重要指标，即企业的利润更多来源于金融投资活动而非传统的产品生产与贸易行为。第三，从投资回报角度来看，企业投资收益是企业投资活动所获得的经济利益。包括利润、利息、股息、红利所得等，是企业投资活动的最终结果。综括来看，税收优惠影响企业投资行为有效性的衡量，可归纳为税收优惠促进企业投资规模扩大、投资结构优化与投资收益增加等方面的实际效果。

其次，税收优惠影响企业创新行为有效性的衡量，可以反映在税收优惠影响企业研发经费投入、研发经费投入强度、研发产出等方面的实际效应。在此之中，研发经费可用企业在技术进步方面的创新投入总量表示；研发投入强度可用"年度研发金额/营业收入"进行衡量；研发产出可量化为实用新型专利与发明专利的数量。因此，税收优惠影响企业创新行为的有效性，可归纳为税收优惠促进企业研发经费投入、研发经费投入强度以及研发产出等方面的实际效果。

最后，税收优惠影响企业环保行为有效性的衡量可具体细化为税收优惠激励企业投资节能减排、资源综合利用等项目的作用效果，以及企业利用绿色技术创新持续改善企业经济效益与环境效益的作用效果，前者侧重于企业绿色环保投资项目的扩大，后者则侧重于企业绿色创新能力的提升。

二、IAD 分析框架：企业税收优惠的政策制定程序与组织机制

由奥斯特罗姆等人开创的制度分析与发展框架（IAD 分析框架）从解决公共资源问题的集体行动入手，关注为集体选择和决策提供行动舞台的制度安排。❶

---

❶ 清华大学 CIDEG 重大项目研究报告（结题）：产业政策向竞争政策转型研究[EB/OL]．（2018-4）[2022-02-08]．http://www.cideg.tsinghua.edu.cn/upload_files/file/20180518/15266160304440 10221.pdf．

第一章 税收优惠影响企业微观主体行为有效性的理论分析

行动舞台是 IAD 分析框架的核心要件，决定了参与者相互作用的模式以及结果。行动舞台包含行动情境与行动者两组变量，而行动舞台本身受到自然/物质条件、共同体属性、应用规则等制度因素的影响。

借鉴陈玲（2011）的研究成果，在我国企业税收优惠政策制定的 IAD 分析框架下，行动舞台包括政策动议的组织与机构、政策程序以及政策参与者，影响行动舞台的制度因素包括政府组织、资源配置方式、产权结构与意识形态四方面。从互动模式来看，企业税收优惠作为产业政策的形式之一，其政策制定在组织结构、规则与程序等方面的制度安排，规范了政策参与者关系、参与者行为与互动模式的准则，决定了处于不同权力阶层、不同政治职位的参与者之间的权力、资源和利益，由此也导致了不同参与者各自行动的逻辑、行为选择，乃至这些行为最终产生的政策效应（李晓萍，江飞涛，2019）。

具体而言，企业税收优惠的政策舞台通常在国务院、财政部、国家税务总局、国家发展和改革委员会、工业和信息化部、科技部等行政机关，也包括决策咨询机构与行业协会等。政策参与者可划分为政治领导人、技术性官员与社会精英等三类，分别对应决策层、动议层与影响层。以国务院签发的企业税收优惠政策为例，其制定程序可概括为：在政策启动阶段得到国务院的批示，由牵头部门起草政策文件，征求内外部决策咨询机构意见进而形成政策文件修订案，由国务院常务会议审议与批准。可见，企业税收优惠的政策制定过程是诸多企图影响政策结果的参与者之间的博弈，常常受到行政领导、利益游说团体、专家学者、媒体等的影响。政策结果本身则是各种交易成本以及参与者应对这些成本的策略产物（迪克希特，2004）。

从我国税收实践来看，在税收法定原则的要求下，税收制度的基本要素只能由法律来确定（张守文，1996），即所有税收优惠政策的制定须由立法机构批准，实现课税要素法定，落实纳税人的知情权，税务机关依法行政，政策执行公开、透明、确定，并通过严格的预算程序对其总体规模进行测度和审查。而在实践中，企业税收优惠政策制定的显著特征之一是以行政部门为主导，政策法律级别较低，多为行政法规、部门规章、地方政府性规章等形式。其优点在于，能够迅速回应经济社会发展需要，规避了严苛、烦琐的立法程序，及时为需要政策帮扶的新兴产业、行业以及抗市场风险能力较弱的小微企业提供援助。但问题在于，政策起草的难度与文件出台的阻力悄然降低（叶金育，2016），税法的统一性、权威性与严肃性不足，行政立法、部门立法大行其道；同时，缺乏对税收优惠政策实施必要性及经济效应的科学、审慎论证，导致税收优惠政策总量难以控制，精确性下降,其结果是,各地区、各类型税收优惠政策交叉重叠,甚至政策效果相互抵消(熊伟,2014)。

另有部分市场主体凭借天然的政治关联通过游说等途径争取或延长税收优惠政策法令的保护,以免新的进入者对之形成威胁,客观上导致经济资源的错配与效率减损。其基本逻辑在于,针对部分地区、部分产业、部分纳税人出台的税收优惠政策,无论优惠方式如何,均改变了企业间原有的税负分配结构,形成差异化税收待遇。具体表现在:"因人设法""因事设法"的个别立法现象频繁发生,获得"特惠型"税收优惠的企业往往在较低的研发创新水平、产品质量条件下依旧能够获得超额利润,而同行业其他竞争者处于相对的弱势地位,甚至产生逆向淘汰机制;税收优惠的人为干预还导致市场运行秩序偏离公平有序的状态,使价格信号无法准确、及时、充分、迅速地反映商品的供求关系,使市场处于非良性竞争的状态,从而导致全行业整体效率的损失。上述现象在市场化水平较低、制度环境不甚健全、法律与监管体系不够完善的地区表现尤为突出(王仲玮,2015)。一言以概之,个别企业虽可能"独享"税收优惠的政策红利,但总体上有悖于税收优惠弥补市场失灵、激励企业投资、研发与环境保护的创制初衷,其政策实施的成本远高于可能带来的收益,既不利于税收优惠政策有效性的发挥,也不利于营造"亲""清"新型政商关系以及便利、公平、透明、法治的市场竞争环境。

三、交易成本理论:企业税收优惠的政策执行效率与遵从成本

交易成本是新制度经济学的核心概念,包括搜寻信息成本、协商与决策成本、契约成本、监督成本、执行成本和违约后寻求赔偿的成本等。本书重点关注在制度、契约形式等治理结构下的交易成本及其效应,也即制度性交易成本。制度性交易成本也被称为体制性成本,是企业在运转过程中因遵循政府制定的各种制度、规章、政策而需要付出的成本,是由于体制机制问题而造成的经济、时间和机会等各种成本。企业在申报享受税收优惠程序中所付出的制度性交易成本,属于影响企业负担及税收优惠政策有效性的非市场性因素,与税务机关的监管、运行效率以及营商环境等密切相关。

理论上,税收优惠政策的审批程序越简单、清晰、透明,尽可能少的行政干预,对企业而言可信度、可预测性、遵从度越强,企业在申报享受税收优惠过程中的便利度越高,为准备相关资料所耗费的时间与金钱成本越低,税收优惠就越能发挥其政策红利的效果。就税务机关而言,审核办理税收优惠及相关税务

审计的行政效率同样会影响到企业税收优惠政策的有效性。具体而言，政府应在落实简政放权的过程中，提升监管责任的执行水平，有效约束税务机关在行政执法领域的自由裁量权，从而增加税收优惠政策执行的确定性，稳定纳税人的预期，避免滋生寻租空间与行政腐败（Gupta，2007），从而为企业打造更为优质、公平、便捷的营商环境，充分释放优惠政策红利，切实增强企业的获得感。

但不可否认的是，现实中企业在申报享受税收优惠过程中所负担的制度性交易成本，逐步由"显性"转为"隐性"，不仅难以有效量化，且对企业税收优惠政策作用的发挥形成掣肘。例如，企业所得税优惠事项管理由审批制转为备案制，企业可通过"自行判别、申报享受、相关资料留存备查"的方式办理税收优惠，但企业纳税人所面临的问题是，一旦税务机关事后认定企业所提交的资料不合格，则将追缴税款，加收滞纳金，并有可能对企业进行严厉处罚。现实的征纳实践中，征纳双方及第三方审计机构往往对政策具体条款的理解存在偏差，而相应的涉税风险大多最终转移至纳税人一方，导致部分企业不愿申报，也实际未能享受到国家推出的所得税政策优惠。

再以军品免税为例，依据《财政部 国家税务总局关于军品增值税政策的通知》（财税〔2014〕28号）与《国家科工局关于印发〈军品免征增值税实施办法的通知〉》（科工财审〔2014〕1532号）的要求，申请享受该优惠的纳税人须取得科研生产许可证和增值税合同清单，逐级审核上报，待财政部、国家税务总局最终审核并批准后，再由企业主管地税务机关通知纳税人，方能进入免税申报的办理程序，而军品免税合同清单申报办理过程复杂且漫长，加之纳税人销售的免征增值税的军品，如已向采购方开具增值税专用发票，则需将增值税专用发票追回后才能免税，导致多数企业疲于准备相应的证明材料因而放弃免税，或难以获取对应的免税资格。

此外，为有效防范和打击骗取出口退税，依据有关规定，需对被预警的出口企业再次核查，核查后不能排除明显疑点的，应在经出口企业所在地县以上税务机关主管局长审批后，通过函调系统向出口货物供货企业所在地县以上税务机关发函调查，未收到复函前暂不办理出口退税业务。实践中，发函工作实际上由出口企业负责，且复函地税务机关回函异常或不回函的情况大量存在，由此严重阻碍企业退税事项的正常办理。而上述现象列举，均属于企业纳税过程中承受的制度性交易成本，有待政府部门通过强化责任意识，精简、整合、重塑税收优惠审批全流程，推动惠企减负措施由"量化改革"转向"质效提升"。

第三节 税收优惠影响企业微观主体行为
有效性的主要因素

企业是市场经济活动的主要参与者，贡献了九成左右的税收收入。从宏观层面来看，普惠性税收优惠是国家对企业的利益让渡，体现了"放水养鱼"、激发市场活力的宏观政策目标；特惠性税收优惠则通过定向调整行业间、地区间纳税人的相对负担，推动产业结构的优化升级以及高质量发展。然而，税收优惠影响企业微观主体行为的有效性，依托于企业的生产经营行为，并直接表现为企业税收优惠政策的总体水平与方式选择。同时，基于税收法定主义原则，企业税收优惠的效力级别集中反映了政策制定的法定性与规则度，并最终影响到税收优惠政策的实际规模与税收利益分配格局。在实践中，纳税营商环境，尤其是税收征管程序的便利度与税收执法的稳定性、确定性，决定了企业在申报享受税收优惠过程中的遵从成本，成为影响企业是否切实有效享受税收优惠政策红利的另一重要因素。

一、企业税收优惠政策的总体水平与方式选择

企业所享受到的税收优惠总体水平，反映了政府对企业的让利程度，对企业税收优惠激励效果的有效性具有直接影响。具体而言，企业税收优惠水平越高，其实际税率越低，从微观层面看，对企业投资、研发创新与环境保护的激励效果也越明显，有效性就越强；从宏观层面看，以税收优惠为主要抓手的减税力度越大，就越能够释放企业活力、提升企业利润水平与盈利能力、夯实税基、扩大税源，从而增加财源收入与经济发展效益。但需要注意的是，税收是维持国家政权正常运转和社会稳定的重要且最为基本的支撑力量，税收优惠的总体规模及优惠水平理应控制在一定范围之内。反之，税收优惠如果过多过滥，不仅意味着易产生税基侵蚀、财政减收、财政赤字扩大、政府债务水平上升等公共风险，而且从微观层面看，极易导致部分企业对税收优惠特权产生依赖，税收优惠事实上并未对企业的投资、创新及环保行为产生正向激励效果，其有效性有所减损。

另外，企业税收优惠的方式选择对于政策实施的有效性同样具有重要影响。具体而言，直接式税收优惠，如降低税率、税项扣除、税收减免、免税期、延期纳税等，其有效性主要体现在增加企业的税后利润。间接式税收优惠，如税收抵

免、投资抵免、加速折旧、税收饶让等，通过对企业的特定行为的激励作用实现税收优惠政策的有效性。例如，《关于进一步完善固定资产加速折旧企业所得税政策的通知》（财税〔2015〕106号）、《关于扩大固定资产加速折旧优惠政策适用范围的公告》（财政部 税务总局公告2019年第66号）关于固定资产加速折旧所做出的规定，有利于企业扩大投资、加快技术设备的更新换代，同时，能尽快摊销固定资产的折旧金额，降低企业所得税的现值总和，缓解企业资金紧张的压力。

再有，依据优惠对象的范围，企业税收优惠政策还可划分为普惠性税收优惠及特惠性税收优惠政策。特惠性税收优惠通常因人而异、因事项而异，虽能够定向施力，且操作便捷、实施成本低，能够对特定纳税人快速实现节税与激励效果，但也极易导致纳税人之间税负分配的不公，更有甚者，可能破坏投资者对政府当局创造有利商业环境的信心（James，2020）。因此，从长期来看，特惠性税收优惠政策的有效性值得商榷。而科学、统一、普惠的税收优惠政策对市场竞争不存在或存在极少的扭曲效果，有利于营造统一、公平的市场环境，也有利于合理引导市场预期，使各类型企业在优胜劣汰的充分竞争中实现资源要素的优化、高效配置。

此外，企业税收优惠政策是否有效，还取决于政策作用于企业微观主体行为的传导机制是否顺畅，以及行业自身特点、内外部市场环境变化、交易对象的议价能力等诸多因素。以增值税为例，首先，取消增值税13%的税率级次属于普惠性税收优惠政策，对适用税率从13%降为11%的企业而言属于明显的降负行为，对于同类原材料购进方而言，则直接导致其可抵扣的进项税额减少，且往往将税负成本层层转嫁至下游企业，使得产业链上各环节企业实际税负水平并无明显变化；其次，增值税名义税率下调对纳税人而言同样属于明显的利好消息，但如果企业所销售的商品处于买方市场，则极易出现客户压价导致减税红利被抵消；最后，为照顾中小企业的经营困难，国家不断提高增值税起征点及一般纳税人认定标准，其直接后果为，即使是经济发达地区，其小规模纳税人占比也逾八成，全国范围内这一比例自然更高，而被排斥在规范的增值税抵扣链条之外的小规模纳税人，或无法取得专用发票，或取得的专用发票只能抵扣3%，因而也大大消减了增值税税率简并及下调的政策优惠效果。

二、企业税收优惠政策制定的法定性与规则度

承前文所述，除政策内容本身外，企业税收优惠政策制定的组织机制决定了政策制定的效力级别、政策制定参与主体的广泛性及流程，进而对政策目标、政

策工具选择、政策制定的法定性与规则度以及政策实施的有效性具有重要影响。

理论上而言，企业税收优惠政策制定的效力级别越高，其严肃性、规范性、权威性越强，越能顾及国家整体利益及各方利益相关者的不同诉求，有利于政令统一、营造规则透明、竞争有序的市场环境，同时避免各地区出于自身利益考量竞相颁布优惠政策甚至开展逐底竞争而导致税基侵蚀、重复建设、市场配置资源机制扭曲等后果。

目前，中国有权制定税收法律法规和政策的国家机关主要有全国人民代表大会及其常务委员会、国务院、财政部、国家税务总局、海关总署、国务院关税税则委员会等。与之相对应，企业税收优惠政策的法律效力由高到低依次为：全国人民代表大会及其常务委员会制定的法律和有关规范性文件，国务院制定的行政法规和有关规范性文件，国务院财税主管部门制定的规章及规范性文件，地方代表大会及其常务委员会制定的地方性法规和有关规范性文件，地方人民政府制定的地方政府规章和有关规范性文件，省级以下税务机关制定的规范性文件。而根据中国现行立法体制，无论中央税、中央地方共享税还是地方税，税收立法权都集中在中央，地方只能根据法律、行政法规的授权制定地方性税收法规、规章或规范性文件，对某些税制要素进行调整。而现实情况是，长期以来，部分地区和部门对特定企业、行业投资者出台了大量税收优惠政策，有相当部分以隐性优惠的形式存在，尽管在一定时期、一定程度上确实推动了产业集聚与投资增长，但也对市场秩序与国家宏观调控的政策效果形成掣肘，长期来看负面作用逐渐显现。因此，基于税收优惠政策的效力级别视角考察企业税收优惠政策的法定性，对于考察企业税收优惠政策制定的有效性具有重要参考价值。

三、企业税收优惠政策执行的确定性与便利度

从政策实施角度来看，税务机关对于企业税收优惠政策的征管效率以及纳税人的遵从度是影响企业"获得感"的直接因素，因此，在实践中，企业申报享受税收优惠的确定性与便利度可成为衡量企业税收优惠政策有效性的重要标准。理论上，纳税人的税收遵从成本可划分为货币成本、时间成本、非劳务成本与心理成本。货币成本指纳税人用于支付税务代理等中介机构办理纳税事宜的费用；时间成本指纳税人为申报办理税收优惠，用于填写资料、数据、申请表等耗费的时间价值；非劳务成本指企业为办理税收优惠事项所花费的交通、通信及行政成本；心理成本指纳税人在申请办理税收优惠的程序中因焦虑等负面情绪所产生的成本。

但问题是，上述成本在实践中难以有效量化。而近年来由普华永道与世界银

行联合发布的《纳税营商环境报告》，涵盖"纳税次数""纳税时间""总税收和缴费率"和"报税后流程指数"四项指标，用于综合评估各经济体的税收营商环境。上述指标涵盖了样本公司支付所有税费的次数，样本公司准备、申报、缴纳增值税、企业所得税、劳动力税费所需的时间，以及企业在纳税申报之后进行增值税留抵退税、由于申报错误需要补税等所需要的时间，可作为衡量纳税人申报享受税收优惠遵从成本的重要参考。

第四节 税收优惠影响企业微观主体行为有效性的作用机制

企业对市场行为的决策主要取决于边际收益与边际成本的比较。为此，本书聚焦于企业生产过程中最重要的投资行为、创新行为和环保行为，对税收优惠政策影响企业微观主体行为的作用机制进行探讨。

一、税收优惠影响企业行为的作用指向：基于新发展理念的视角

理念是行动的先导。新发展理念围绕创新、协调、绿色、开放、共享五方面内容，系统阐释了新发展阶段我国发展的目的、动力、方式、路径等问题。本书基于新发展理念的研究视角，选取投资、创新、环保三方面作为税收优惠影响企业微观主体行为的主要施力指向，探析税收优惠政策影响企业微观主体行为有效性的作用机制。

创新是引领发展的第一动力，决定了发展的速度、效能与可持续性。当前，在全球价值链的分布中，我国仍处于中低端，对关键领域核心技术的掌握仍有进步和提升的空间。在这之中，企业对于创新的投入和研发具有至关重要的作用，亟待借助税收优惠的政策扶持，降低企业研发创新的成本负担及风险水平。

协调直接指向我国发展中不平衡、不协调、不可持续的突出问题，是发展短板和潜力的统一。企业作为最重要的市场主体，基于投资报酬率、投资风险、投资回收速度、资本结构等因素，对各类型投资组合进行选择与搭配进而实现投资收益最大化，是企业经营活动的内在要求。而税收优惠通过对企业不同类型投资行为的税后收益进行有增有减的结构性调整，引导资金从"高负担—低回报预期"领域向"低负担—高回报预期"的投资领域流动，能够实现国家发展的宏观导向

与企业提升盈利水平的统一。

绿色发展的要义在于解决人与自然和谐共生的问题。采取税收优惠政策引导企业通过改良生产工艺、降低能耗与节能减排、对资源进行综合利用等提升企业经营效益，是企业履行环境保护社会责任的重要内容，有利于使良好的生态环境成为改善人民生活水平的新增长点，亦契合新时代高质量发展的内在要求。

二、税收优惠政策影响企业投资行为有效性的作用机制

企业的投资决策取决于边际收益与边际成本的比较（Parys，James，2012），一般而言，税收优惠主要通过降低企业投资的边际成本从而增加企业投资的总体规模。本书对不同类型的税收优惠政策影响企业投资成本的作用机制进行了区分。假设企业融资形式包括自有资金、股权融资、债券融资，其成本分别以 α、β、γ 表示，γ 亦可称为贷款利率。且自有资金与债券融资的比例为 φ 和 μ。设某项资本品的价格为 P，其折旧率为 δ。企业实际税率以 $(\tau-\sigma)$ 表示，其中，τ 表示企业税率，σ 表示税率减免的直接式政策优惠。此时，企业投资成本 C 可以式（1-4）表示为

$$C = P \times \frac{\varphi\alpha + \mu\gamma + (1-\varphi-\mu)\beta + \delta}{1-(\tau-\sigma)} \qquad (1-4)$$

以企业加速折旧税收优惠为例，本书着重分析间接式税收优惠扩大投资规模的经济效应。在加速折旧法下，企业依据税法所计提的折旧费用呈逐年递减趋势，企业所得税相应呈递增状态。由于在设备较新的状态下固定资产依加速折旧法计提的折旧额大于直线法计提的折旧额，企业实际缴纳的所得税费用有所下降，企业所得税的现值总和也更低，从而整体提高了企业的税后收益，有利于企业尽快收回投资成本，取得更大的现金流收益，并致力于更新设备及生产技术以增强企业的竞争力。此谓折旧避挡额及其"税盾"效果。折旧避挡额与税率的关系如式（1-5）所示：

$$\text{Taxshield} = \frac{(1-\varepsilon)\tau}{t} \qquad (1-5)$$

其中，ε 表示固定资产的残值率，t 表示时期。以 ω 表示各期折旧避挡额的现值加总，Y 表示生产部门生产的最终产品及总收入，具体如式（1-6）所示：

$$\omega = \sum_{t=1}^{n} \frac{(1-\varepsilon)/\tau}{(1+\gamma_t)^n} \times \tau_t = \tau \times Y \qquad (1-6)$$

此时企业的投资成本 C 可进一步通过式（1-7）表示：

$$C = \frac{P[\varphi\alpha + \mu\gamma + (1-\varphi-\mu)\beta + \delta] - \tau \times Y}{1-(\tau-\sigma)} \quad (1\text{-}7)$$

对企业税率求一阶偏导可得式（1-8）：

$$\frac{\partial C}{\partial \tau} = \frac{Y}{[1-(\tau-\sigma)]^2} > 0 \quad (1\text{-}8)$$

由此可见，税率变动与资本成本变动呈现同方向变化的趋势，企业税负增加将抬升投资成本进而起到抑制投资的作用，但税收优惠将降低企业投资成本从而促进企业投资。

进一步地，本节以实际税率变动为切入点，对企业税收优惠政策影响企业投资水平的传导机制进行数理推导：

依据许伟和陈斌开（2016）的研究，设定家户的效用函数形式 u 如式（1-9）所示：

$$u(c_t, 1-h_t) = \ln c_t + \gamma \ln(1-h_t) \quad (1\text{-}9)$$

其中，c 和 h 分别表示家户的消费与劳动时间。

企业的生产函数为规模报酬不变的柯布-道格拉斯生产函数如式（1-10）所示：

$$y_t = AF(k_t, h_t) = Ak_t^a h_t^{1-a} \quad (1\text{-}10)$$

其中，A 表示企业生产的技术参数；F 表示生产函数；a 表示企业生产的资本份额；k 和 h 分别表示企业的资本存量与工人劳动时间。

设定中央计划者模型如式（1-11）～式（1-13）所示：

$$\max Z_0 \left[\sum_{t=0}^{\infty} \mu^t u(c_t, 1-h_t) \right] \quad (1\text{-}11)$$

$$\text{st. } c_t + I_{1t} = AF(k_t, h_t) = y_t \quad (1\text{-}12)$$

$$k_{t+1} = k_t(1-\delta) + \frac{I_{1t}}{1+(\tau-\sigma)} \quad (1\text{-}13)$$

其中，I_1 表示企业新增投资。

求解最优化问题如式（1-14）～式（1-15）所示：

$$\frac{\gamma}{1-h_t} = \frac{(1-a)Ak_t^a h_t^{-a}}{c_t} \quad (1\text{-}14)$$

$$\frac{1+(\tau-\sigma)}{c_t} = Z_t \left\{ \frac{\mu \left[Aak_{t+1}^{a-1}h_{t+1}^{1-a} + (1-\delta)(1+\tau-\sigma) \right]}{c_{t+1}} \right\} \qquad (1-15)$$

由此得到模型的稳态解如式（1-16）所示：

$$I_1 = (1+\tau-\sigma)\delta k = \left\{ \frac{A(1-a)a\mu\delta}{\gamma\left[(1-\mu)+a\mu(1-a)\right]} \right\} \times \left\{ \frac{a\mu A}{(1+\tau-\sigma)\left[1-\mu(1-\delta)\right]} \right\} \qquad (1-16)$$

等式两边同取自然对数可得简化形式的方程如式（1-17）所示：

$$\ln I_1 = \frac{a}{1-a}\ln(1+\tau-\sigma) + C \approx \frac{a}{a-1}(\tau-\sigma) + C \qquad (1-17)$$

综合上述分析可知：

由于 $a \in (0,1)$，因而 $\frac{a}{a-1} < 0$，表明税率的上升将导致企业投资规模的下降，但税收优惠率的上升将缓解征税对企业投资的挤出效应，从而对企业投资产生正向激励效果。

三、税收优惠政策影响企业创新行为有效性的作用机制

企业的研发创新活动具有明显的正外部性，结果导致知识、技术等生产要素的空间外溢，加之企业研发活动具有研发周期较长、前期投入大而资金回报较慢、研发风险较高而不确定性强等特点，理论上而言，企业研发创新的私人边际收益低于社会边际收益，企业对研发创新活动的投入有所不足。从企业微观主体行为的视角来看，企业主要基于研发项目的收益及资金使用成本的比较进行决策，而税收优惠对企业创新行为的影响主要体现在：在企业研发创新的投入环节，通过企业所得税税率优惠、加计扣除、加速折旧等优惠政策降低企业的研发成本从而激励企业创新；在企业研发创新的成果转化环节，通过即征即退、税额抵扣等方式减少企业应缴税额、增加企业税后收益从而激励企业创新。

此处主要针对税收优惠降低企业投资成本的作用机制进行分析（Gregory，2012）。借鉴王春元（2017），程瑶和闫慧慧（2018）的研究，本书以研发费用税前加计扣除与税额抵扣为例，分别探讨间接式税收优惠与直接式税收优惠影响企业创新行为的作用机制。

首先，假设最终产品生产部门的生产函数如式（1-18）所示：

$$Y = L^a \int_0^B x(i)^{1-a} \, di \qquad (1-18)$$

其中，L 表示劳动生产要素；i 表示企业；$x(i)$ 表示中间产品；B 表示中间产

第一章 税收优惠影响企业微观主体行为有效性的理论分析

品的种类。为简化分析，此处不考虑经济中人口的增长率及人口数量的变化。

此时，企业的成本函数表示为式（1-19）：

$$C = I(\theta C_1 + \gamma C_2 + \rho C_3 + \delta) \tag{1-19}$$

其中，股权融资的单位成本为 C_1，I 为总投资，债权融资的成本为 C_2，自有资本为 C_3，该项目折旧为 δ，ρ、θ、q 分别为股权融资、债权融资、自有资本所占的比重，且 $\rho + \theta + q = 1$。

企业的利润函数如式（1-20）所示：

$$\pi = (1-\tau)\left\{ L^m \int_0^B x(i)^{1-m} \, di - wL - C - \int_o^B p(i)x(i) \, di \right\} \tag{1-20}$$

其中，m 表示弹性系数，w 表示工资水平，$p(i)$ 表示中间产品的价格，π 表示企业的利用。

实现利润最大化的最优条件表示如式（1-21）~式（1-22）所示：

$$w = (1-\tau)mL^{m-1}\int_0^B x(i)^{1-m} \, di \tag{1-21}$$

$$p(i) = (1-\tau)(1-m)L^m x(i)^{-m} \tag{1-22}$$

就企业研发创新而言，研发部门主要通过人力资本 H 与研发经费 E 开展研发活动。假设依税法规定，企业的研发支出允许以 s 进行加计扣除，以降低企业的投资成本、激励企业创新。同时，n 为弹性系数。则研发部门的生产函数如式（1-23）所示：

$$F = AE^n H^{1-n} \tag{1-23}$$

以 P_A 为研发产品或新知识的投入价格，则企业研发创新的利润函数为式（1-24）：

$$\pi_E = E = (1-\tau)\left[P_A F - (1+s)E \right] \tag{1-24}$$

则利润最大化条件下研发产品或新知识的投入价格 P_A 如式（1-25）所示：

$$P_A = \frac{1+s}{A\beta E^{n-1} H^{1-n}} \tag{1-25}$$

在研发费用加计扣除与税额抵扣的条件下，企业进行研发资金投入的条件为

$$Z - (Z - \lambda X - \xi Z)\tau > I(\theta C_1 + qC_2 + \rho C_3 + \delta) \tag{1-26}$$

其中，X、Z 分别表示可用于加计扣除的研发费用及税额抵扣的金额，加计扣除率与递减率分别为 λ 和 ξ。

此时的资金使用成本如式（1-27）所示：

$$C^* = \frac{I(\theta C_1 + \gamma C_2 + \rho C_3 + \delta)}{1-\tau} - \frac{\lambda X + \xi Z}{1-\tau} < C \qquad (1\text{-}27)$$

可见，在享受税收优惠的条件下，企业研发创新的成本有所降低，且加计扣除率与税额抵扣率越高，企业研发投入的成本相应越低。综上分析，税收优惠能够有效降低企业研发投入的创新成本，对企业研发创新投入具有正向的积极作用。

四、税收优惠政策影响企业环保行为有效性的作用机制

税收优惠政策影响企业环保行为有效性的基本逻辑在于，其一，企业对绿色创新技术的研发投入具有正外部性的特点；其二，环保生产设备的投资规模大、周期长、风险高、不确定性强；其三，企业从事环境保护行为不仅需要购置环保设备、完善工艺流程，还需要企业在生产结构调整、员工培训、设备装配等方面进行转型调整，而资本的逐利性往往导致企业及外部投资者对环境保护的投入有所不足。税收优惠则能够通过降低企业环保的投资成本从而减少或解决企业从事环保行为可能引致的资金风险或融资难题，并增加其边际收益。

此处主要针对税收优惠影响企业绿色创新能力的作用机制展开分析。借鉴李香菊和贺娜（2019）的研究成果，将企业的排污量记为 G，将企业所享受的环保税收优惠水平记为 σ_1。假设企业以总成本最小化为目标函数来规划最优污染排放问题。因此，企业在享受节能减排的税收优惠后，所需要缴纳的税收总额为 $G(1-\sigma_1)$。

企业的减排成本可以分为两部分，一部分是为实现绿色技术水平 z 所需要的一次性固定投资 $I(z)$，另一部分是在绿色技术水平 z 下企业的排污成本，即可变成本，记为 $C[G(z)]$。

企业排污成本（Total Cost，TC）最小化的目标函数如式（1-28）所示：

$$\min TC = G(1-\sigma_1) + C[G(z)] + I(z) \qquad (1\text{-}28)$$

对 G 求导可得式（1-29）：

$$1 - \sigma_1 = -C'[G(z)]G'(z) \qquad (1\text{-}29)$$

该式表示：当企业的边际减排成本等于企业享受税收优惠后的实际排污税负担时，可以实现最优的污染排放。

为分析环保税收优惠影响企业绿色技术创新的实际效应，假设企业考

虑将绿色技术水平 z_0 升级为 z_i,即企业原本使用绿色减排技术 z_0,现改进为 z_i。

如果企业提高绿色创新能力所获得的收益大于费用支出,则企业作为理性人就会进行技术升级,否则使用原技术。

企业原成本 TC_0 如式(1-30)所示:

$$TC_0 = G_0(1-\sigma_1) + C[G_0(z_0)] \tag{1-30}$$

进行技术升级后的成本 TC_i 如式(1-31)所示:

$$TC_i = G_i(1-\sigma_1) + C[G_i(z_i)] + I(z_i) \tag{1-31}$$

企业的预期净收益 ΔTC 如式(1-32)所示:

$$\Delta TC = (1-\sigma_1)(G_0 - G_i) + C[G_0(z_0)] - C[G_i(z_i)] - I(z_i) \tag{1-32}$$

依上述分析可知:如果 $\Delta TC \geq 0$,则企业会进行绿色技术创新。具体来说,ΔTC 由三部分组成,$(1-\sigma_1)(G_0 - G_i)$ 表示税收收益,具体指税收优惠推动企业改进生产技术、提升绿色创新能力,进而导致企业排污量以及排污成本的减少;$C[G_0(z_0)] - C[G_i(z_i)]$ 表示技术收益,是由于企业进行绿色技术创新所带来的排污量以及排污成本直接降低;最后 $I(z_i)$ 代表技术成本,是企业为实现绿色技术创新所增加的成本。若企业绿色创新的投入小于等于绿色技术创新所带来的税收收益和技术收益之和,则企业具备动力投入和实施绿色技术创新。

进一步地,对 TC_i 求 σ_1 的偏导可得式(1-33):

$$\frac{\partial TC_i}{\partial \delta_1} = -G_i + C'G_i' z_i'(\sigma_1) + I'(z_i)\frac{\partial z_i}{\partial \delta_1} \tag{1-33}$$

通常情况下,税收优惠对企业绿色创新能力具有直接促进作用,因此,$\frac{\partial z_i}{\partial \sigma_1}>0$,且技术水平的提升要求环保设备投资总额的增加,因此,$I'(z_i)>0$,故 $I'(z_i)\frac{\partial z_i}{\partial \sigma_1}>0$。由于企业通过环保税收优惠的实施提升了绿色创新能力,降低了排污总量及排污成本,因此,$C'(G)>0$,$G'(z)<0$,$G'(z)>0$,故 $C'G_i' z_i'(\sigma_1)<0$。只有当满足条件式(1-34):

$$G_i - C'G_i' z_i'(\sigma_1) - I'(z_i)\frac{\partial z_i}{\partial \sigma_1}<0 \tag{1-34}$$

才能得到式(1-35):

$$\frac{\partial TC_I}{\partial \sigma_1} < 0 \tag{1-35}$$

综上，在满足一定条件时，环保税收优惠能够促进企业排污成本的降低。

第二章

企业税收优惠政策的发展脉络与现状分析

改革开放以来，企业税收优惠政策是政府招商引资、扩大税源、拉动经济增长、推动新老税制平稳过渡的重要政策工具，其演进历程与经济体制改革、社会主义市场经济的发展相同步。为揭示企业税收优惠政策效力级别偏低、总量失控的历史根源，明确高质量发展阶段企业税收优惠政策转型的主要特点，需要厘清企业税收优惠政策的发展脉络，展示企业税收优惠政策制定与实施的现实状况。

第一节 企业税收优惠政策变迁的历史进程

企业税收优惠政策的历史变迁与经济体制改革的步伐相适应。改革开放之初，税收优惠是积极引进外资、推动财税改革顺利进行的重要手段；进入20世纪90年代，我国初步建立了社会主义市场经济体制，税收优惠成为国家扶持特定区域、特定产业发展的主要抓手。但是，税收优惠政策本身的效力级别不高，政策制定的正当性与规范性不强，呈现出鲜明的"因人而异、因地而异"的基本特征，不利于各地区、各类型企业公平竞争，对市场经济正常运行秩序形成干扰，亦不利于税收优惠激励作用的有效发挥。近年来，为对冲全球金融危机对国民经济运行所造成的不利影响，税收优惠作为结构性减税与实质性减税降费的实现方式，对于减轻市场主体负担、合理引导市场预期、激发企业活力等发挥了重要作用，与此同时，税收优惠的理念逐渐由"特惠型"转向"普惠型"，优惠方式也逐步向宽税基、低税率、专业化征管过渡。

一、1978—1993 年：逐步形成以外资和区域导向型为主的优惠格局

改革开放之初，为适应对外开放需要，积极引进外资，国务院于 1980 年颁布《中华人民共和国中外合资经营企业所得税法》等，由此，逐步建立起与经济体制相适应的涉外工商税制。具体而言，内外资企业、经济特区与中西部内陆地区之间实行有差异的税收优惠政策。

同时，为规范政府与企业间的分配关系，我国于 1979 年初启动"利改税"进程，并自 1983 年起全面推开。税收优惠政策在这一过渡阶段对于稳定企业税负、保证改革的顺利进行发挥了重要作用。此外，国务院在同一时期还颁布了《中华人民共和国企业所得税条例（草案）》等，对适用减征与免征的具体情形作出具体规定。

总体而言，在 1978—1993 年这一区间内，我国税制体系的典型特征是：区分内外资企业、城乡、沿海与内陆地区，以商品劳务税与所得税为双主体、其他税种辅助配合。与之相适应，税收优惠政策也体现出明显的外资与区域导向型特征，对于繁荣出口贸易、促进投资增长与产业集聚发挥了积极作用。但存在的问题是：鲜明的"特惠型"税收优惠对于商品和要素的自由流动形成壁垒，不利于各类型市场主体公平竞争和全国统一市场的形成，易造成地方保护主义与不正当竞争。

二、1994—2007 年：确立产业与区域相结合、多税种的优惠体系

我国于 1994 年在财税领域开始实施新中国成立以来规模最大、范围最广、内容最为深刻的税制改革，从而基本确立了与社会主义市场经济体制相适应的税制框架。在与企业有关的税制改革方面，主要内容包括：统一内资企业所得税；确立由增值税、消费税、营业税组成的商品劳务税制；开征土地增值税；扩大资源税的征税范围；简并税种从而实现税制的高效与简化。

在这一时期，中央掌握了税收优惠政策统一制定与管理的权限，严禁各级政府不经授权非法变更政策，取消纳税承包制，取消税务机关对个别困难企业的税收减免权，税收优惠政策制定与执行的法治化程度有所提高。从内容来看，税收优惠服务于社会经济发展的目标，成为国家宏观调控的重要政策工具，并聚焦于特定区域或特定产业。具体而言：

为平衡区域间发展差异，中共中央、国务院相继颁布实施了西部大开发、振兴东北老工业基地的税收优惠政策措施，2004 年中央首次明确提出"中部崛起战略"。相应的税收优惠政策主要包括西部地区国家鼓励类产业的内资企业和外商投

资企业所得税税率减至 15%等。

总体而言，上述税收优惠政策对于推动东部地区生产要素向中西部转移和扩散、培育和壮大高新技术产业发挥了至关重要的作用。但存在的问题依然十分明显：一方面，中西部地区的发展瓶颈主要在于基础设施等公共商品的供给缺位或不足，因此，相比于财政直接投资、转移支付、财政补贴等支出工具，税收优惠政策并非解决地区非均衡发展的最佳手段，导致其实际效果可能有所减损；另一方面，无法为各地区、各类型企业营造统一、公平的起跑线，尤其对于理论上应当普遍征收、环环征收、单一税率征收的增值税而言，过多、过滥的税收优惠反而导致抵扣链条不畅，企业实际税负下降空间有限。

三、2008—2014 年：税收优惠政策在稳定税负约束下成为结构性减税的主要抓手

2008 年 1 月 1 日起新《中华人民共和国企业所得税法》开始施行，内外资企业所得税、税率、税前扣除标准以及税收优惠政策得以统一。税收优惠政策框架转向以产业优惠为主、区域优惠为辅，并成为政府扶持特定产业发展的政策工具。例如：针对软件产业、文化产业、动漫产业、体育产业、核电行业、节能服务产业、小微企业、集成电路、海上油气开发等出台了相应的"特惠"措施。

同时，肇始于美国华尔街的全球金融风暴波及我国，受此影响，中央经济工作会议于 2008 年首次提出"结构性减税"的决策部署，其基本思路是在保持原有宏观税负大体稳定的基础上作出有保有压、结构性调整。由此，税收优惠又成为结构性减税的主要抓手与实现方式，主要包括：自 2009 年起在全国所有地区、所有行业实施增值税由"生产型"转向"消费型"改革；减轻小型微利企业的税收负担；调整小规模纳税人的增值税起征点等。

综括来看，结构性减税政策一方面以稳定税负为约束条件，另一方面侧重于总量管理与临时权宜，且均选择税收优惠作为主要抓手和基本实现方式。尽管税收优惠能够与政策实施的差别化、结构性特征相吻合，且具有操作便捷、实施成本低、见效快等优点，但是，局部性、差异化的税收优惠过多、过滥、不规范、不透明，也同时带来税基侵蚀、名义税率居高不下、总体优惠规模测度不明、缺乏事中跟踪与事后评判、公平性缺失等问题，导致税收制度规范性不足，企业实际税负与名义税负不相匹配。此外，税收优惠作为政府嵌入市场机制正常运行的"楔子"，面对瞬息万变的市场信息，其资源配置的效率往往欠佳，公平性缺失，还极易对市场参与者的预期形成扰动，政策间协同性不强，

甚至相互冲突、抵消，从而进一步弱化政府宏观调控的效果，于企业而言无疑也是极大的资源损耗。

四、2015年至今：优惠方式向宽税基、低税率、专业化征管过渡

面对全球经济在深度调整中曲折复苏、国内经济运行稳中有变所带来的诸多不确定性，中国自2015年起推出新一轮减税降费举措，其惠企减负政策呈现出数量大、类型多、力度不断加码等特征。主要内容包括：将增值税征税范围扩大至建筑业、房地产业、金融业与生活服务业，并覆盖全国范围；将原适用16%和10%的增值税应税行为的税率分别下调至13%和9%；稳定全行业税负，对生产、生活性服务业纳税人实行加计抵减的政策；降低小微企业的所得税负担，对增值税小规模纳税人实行减征"六税两费"，简化发票管理；大幅上调工业企业和商业企业小规模纳税人年销售额的认定标准；将增值税期末留抵税额退税制度扩大到所有企业；提高研究开发费用税前加计扣除的比例；延长高新技术企业与科技型中小企业亏损结转年限等。

总体而言，自2015年启动减税降费以来，以税收优惠为主要形式的一系列惠企减负政策密集出台。有别于以往以稳定税负为原则的减税政策，本轮减税降费着眼于税费制度与税费征管体制优化的长效机制，避免了政府这一"有形之手"通过大量因"人"而异、因"事"而异、局部性、差异化的税收优惠干扰市场机制的有效发挥，从而对企业正常的投资、经营行为产生误导，同时也防止因政策频繁变动、相互冲突而引致的成本收益不对称。不仅如此，政府应以普惠性、实质性减负为基本目标，营造一视同仁、公平公正、开放透明的市场环境，合理引导市场预期，稳定市场主体信心，提升资源要素的市场配置效率，从而实现经济的高质量发展。

第二节　企业税收优惠政策制定与实施的现状

基于政策文本的量化分析，对企业税收优惠政策的制定与实施现状进行梳理。具体而言：以全国人民代表大会、国务院、财政部、国家税务总局、海关总署、地方各级政府等颁布的企业税收优惠政策为研究对象，从政策效力级别、优惠税种、优惠方式、税收优惠水平等角度进行归纳与统计。

一、企业税收优惠政策的税类及税种现状

威科集团（Wolters Kluwer）是一家全球知名的信息服务提供商，总部位于荷兰，业务遍布全球150余个国家和地区。威科先行财税信息板块详细提供了世界各国的财税、会计及审计信息、解决方案和服务，包括我国企业所得税、个人所得税、增值税、营业税等16个税种涉及500多个行业、项目的主要税收优惠政策。不仅对各税种的优惠政策进行了详细分类，而且从税收优惠认定条件、优惠政策详细内容、参考的法规依据、是否有特殊事项或者特殊解释等方面对税收优惠政策进行了详细列示和说明。本部分基于威科先行数据库，对现行主要企业税收优惠政策在税类及税种间的基本分布状况展开分析。

总体而言，商品劳务税税收优惠涉及的税种主要包括增值税、消费税、原营业税、关税及城市维护建设税；所得税税收优惠包括企业所得税和个人所得税；财产税及其他税系税收优惠包括房产税、车船税、船舶吨税、耕地占用税、城镇土地使用税、印花税和契税等。

（一）增值税税收优惠政策的分项目统计

根据威科先行数据库提供的数据，增值税税收优惠政策可分为一般项目、营改增试点过渡的免征项目和跨境免税项目。增值税税收优惠的一般项目共计144项，分为27个子目，主要集中于综合资源利用（30项）、农林牧渔业（18项）、文化体育业（11项）、医疗卫生（9项）。具体见表2-1。

表2-1 增值税主要税收优惠政策一般项目统计　　　　　　　　　　单位：项

子目	数量	子目	数量
农林牧渔业	18	公用事业	4
综合利用资源	30	再生资源回收和利用	2
软件和集成电路产品	3	医疗卫生	9
科研、教育	8	文化、体育	11
残疾人相关税收优惠	4	销售自己使用过的物品和旧货	5
外国政府和国际组织无偿援助项目	2	进出口设备、物资	4
加工、修理、修配劳务	2	贵金属	6
金融资产管理	2	期货报税交割业务	4
环境保护、节能节水项目	4	小微企业	6

51

续表

子目	数量	子目	数量
中国联通资产整合	2	增值税税控系统专用设备和技术维护费用	4
即征即退项目	3	创新企业境内发行存托凭证	4
资金无偿借贷	1	扶贫货物捐赠	2
为社区提供养老、托育、家政等服务	1	冬奥会和冬残奥会	2
将国有农用地出租给农业生产者用于生产	1		

资料来源：威科先行财税信息库

营改增试点过渡免征项目较为庞杂，且多为营业税免征项目的直接平移。从统计结果来看，营改增试点过渡免征项目共计79项，覆盖个人转让著作权到众创空间等58类。具体见表2-2。

表2-2 营改增试点过渡免征项目　　　　　　　　　　　　　　　　单位：项

营改增过渡时期免税项目	数量	营改增过渡时期免税项目	数量
个人转让著作权	1	残疾人创业	1
技术转让、技术开发等技术咨询等	1	符合条件的合同能源管理服务	1
海峡两岸海上直航业务运输收入	1	海峡两岸空中直航业务运输收入	1
随军家属就业	2	军队转业干部就业	2
托儿所、幼儿园提供的保育和教育服务	1	养老机构提供的养老服务	1
残疾人福利机构提供的育养服务	1	婚姻介绍服务	1
殡葬服务	1	医疗机构提供的医疗服务	2
从事学历教育的学校提供的教育服务	1	学生勤工俭学提供的服务	1
农业机耕、排灌、植物保护等	1	公租房经营管理单位出租公共租赁住房	1
纪念馆、博物馆、文化馆等	1	符合条件的利息收入	8
寺院、宫观、清真寺等的门票收入	1	符合条件的金融商品转让收入	5
其他单位收取的政府性基金和行政事业性收费	1	符合条件的担保机构从事中小企业信用担保等收入	1
个人销售自建自用住房	1	科普单位、科普活动门票收入	1
符合条件的国际货物运输代理服务	1	提供实习场所取得的收入	1
被撤销金融机构以货物、不动产等财产清偿债务	1	福利彩票、体育彩票的发行收入	1
保险公司开办的一年期以上人身保险取得的保费	2	出售住房取得的收入	1
符合条件的金融同业往来利息收入	4	涉及家庭财产分割的个人无偿转让不动产、土地使用权	1

续表

营改增过渡时期免税项目	数量	营改增过渡时期免税项目	数量
利息补贴收入和价差补贴收入	1	中国邮政集团公司等为金融机构代办的金融保险业务	1
进修班、培训班取得的收入	1	科技企业孵化器	1
提供家政服务取得的收入	2	煤层气勘探开发项目	3
军队空余房产租赁收入	1	青藏铁路运输服务	1
将土地使用权转让给农业生产者用于农业生产	1	金融商品转让收入	1
土地所有者出让土地使用权等	1	承包地流转	1
县级以上人民政府等出让或转让自然资源使用权	1	大学科技园	1
高校学生公寓和食堂	1	美国ABS船检服务	1
从事与新疆国际大巴扎项目有关的营业税应税业务	1	国际航运保险	1
出租不动产	1	收购、承接和处置不良资产等开展的融资租赁业务	1
内地和香港市场投资者通过深港通买卖股票	1	农户小额贷款	1
中国邮政集团等提供的邮政普遍服务和特殊服务	1	众创空间	1

资料来源：威科先行财税信息库

营改增试点过渡跨境免税项目共计22项，分布于从再保险服务到设备租赁老合同等22类。具体见表2-3。

表2-3 营改增试点过渡跨境免税项目　　　　　　　　　　　　单位：项

增值税跨境免税项目	数量	增值税跨境免税项目	数量
再保险服务	1	建筑服务	1
工程监理服务	1	工程勘察勘探服务	1
会议展览服务	1	仓储服务	1
有形动产租赁服务	1	播映服务	1
文化体育服务、教育医疗服务、旅游服务	1	邮政服务、收派服务、保险服务	1
电信服务	1	知识产权服务	1
物流辅助服务	1	鉴证咨询服务	1
专业技术服务	1	商务辅助服务	1

续表

增值税跨境免税项目	数量	增值税跨境免税项目	数量
广告服务	1	销售无形资产（技术除外）	1
直接收费金融服务	1	国际运输服务	1
适用简易计税方法或声明放弃适用零税率	1	设备租赁老合同	1

资料来源：威科先行财税信息库

（二）企业所得税税收优惠政策分项目统计

依据威科先行数据库，企业所得税主要的税收优惠政策共计 113 项，包括面向行业、企业的不同项目。具体见表 2-4 和表 2-5。

表 2-4　企业所得税税收优惠政策分行业、分地区、分企业统计　　　　单位：项

针对不同行业	数量	针对不同企业	数量
集成电路及相关企业	12	高新技术企业	5
创业投资企业	4	非居民企业	2
农林牧渔业	4	第三方防治企业	1
金融业	6	小型微利企业	2
软件企业	5	非营利组织	1
文化企业	2		
动漫企业	1		
天使投资个人	1		

资料来源：威科先行财税信息库

依据表 2-4，企业所得税行业性税收优惠政策共计 35 项，包括集成电路及相关企业、创业投资企业、农林牧渔业、金融业、软件企业、文化企业、动漫企业和天使投资个人等；企业所得税企业性税收优惠政策共计 11 项，包括高新技术企业、非居民企业、第三方防治企业、小型微利企业和非营利组织等。

表 2-5　企业所得税税收优惠政策分项目统计　　　　单位：项

企业所得税优惠项目	数量	企业所得税优惠项目	数量
鼓励公共基础设施建设	1	环保、节能节水项目	1
环保节能、安全生产专用项目	1	企业综合利用资源	1
企业研发费用	3	固定资产加速折旧	4

续表

企业所得税优惠项目	数量	企业所得税优惠项目	数量
技术转让所得	2	技术先进型服务企业	2
支持和促进就业	5	国债利息收入	1
铁路建设债券利息收入	4	股息红利投资收益	4
经营性文化事业单位转制为企业	1	中国清洁发展机制基金	1
中国清洁发展机制项目	2	外商投资利润	1
股权分置改革试点	2	海峡两岸直航	2
生产伤残人员专用品企业	1	促进民间投资	13
地方政府债券利息所得	1	境外投资者分配利润直接投资	1
永续债利息收入	1	创新企业境内发行存托凭证	3
固定资产一次性扣除	6	提供养老、托育、家政服务	1
北京冬奥会及冬残奥会	2		

资料来源：威科先行财税信息库

如表2-5所示，分项目的税收优惠政策共计67项，主要涉及支持和促进就业、固定资产一次性扣除、促进民间投资、固定资产加速折旧、股息红利投资收益等，也包括海峡两岸直航、北京冬奥会及冬残奥会、创新企业境内发行存托凭证、中国清洁发展机制基金等"特惠型"税收优惠。

（三）其他税种税收优惠政策统计

如表2-6所示，除增值税与企业所得税外，其他税种的企业税收优惠政策共计226项，以房产税、印花税、契税为主，分别为35项、24项和32项，耕地占用税和环境保护税的税收优惠政策数量相对较少，分别为5项和7项。

表2-6 其他税种企业税收优惠政策统计　　　　　　　单位：项

税种	数量	税种	数量/项	税种	数量
消费税	12	房产税	35	契税	32
印花税	34	印花税	24	耕地占用税	5
车辆购置税	13	资源税	18	关税	19
土地增值税	16	环境保护税	7	车船税	11

资料来源：威科先行财税信息库

二、企业税收优惠对象及优惠方式的总体状况

海量的税收优惠政策蕴含了丰富的可挖掘价值，而自然语言处理是一门融语言学、计算机科学、人工智能于一体的科学，可应用于文本挖掘、词频统计、相似性聚类、词云绘制、情感分析、可视化分析等研究领域，对于深入理解文本动机、把握文本特征、提取关键词信息等具有重要作用。因此，本书以税收优惠政策文本作为研究对象，从文本中提取与企业税收优惠方式、优惠内容、优惠对象有关的内容，作为分析企业税收优惠政策制定特征的依据，并将研究结果通过客观数据进行展示，对于创新企业税收优惠政策的研究视角与研究方法具有其自身价值，且在操作层面具备一定的可行性。

（一）研究设计与数据来源

相较于 NLTK、LTP、CoreNLP 等自然语言处理工具，HanLP 支持自定义分词和多单词的英文名称，可动态增删词库，且速度极快。从上述开源工具的发展速度来看，HanLP 的发展也最为迅猛，因而是中文文本分析工具的不二之选。同时，得益于 Python 的简洁设计，使用该动态语言调用 HanLP 包能够在一定程度上节约数据运算的处理速度。综合以上分析，本部分借助 Python 编程语言与 HanLP 工具包，对现行有效的企业税收优惠政策进行定量识别与文本分析，包括提取全部税收优惠政策、企业所得税税收优惠政策、增值税税收优惠政策的高频词与关键词。

文本数据的处理流程具体如下：

第一，基于威科先行财税信息库《税收优惠政策汇总》（2020 年版）所提供的政策文本进行样本选取。该汇总表整理了我国现行的企业所得税、个人所得税、增值税、营业税等 16 个税种涉及 500 多个行业、项目的税收优惠政策，对各税种的优惠政策进行了详细分类，从税收优惠认定条件、优惠政策详细内容、参考的法规依据、是否有特殊事项或者特殊解释等方面对各税收优惠政策进行了详细列示和说明，为本书研究奠定了良好的基础。

纳入本文样本范围的企业税收优惠政策涉及 15 个税种，涵盖增值税、企业所得税、车船税、车辆购置税、城建税及教育费附加、城镇土地使用税、房产税、耕地占用税、关税、环境保护税、契税、土地增值税、消费税、印花税及资源税。需要说明的是，自 2016 年 5 月 1 日起，增值税扩围全面推开，原营业税大部分税收优惠"平移"至增值税，在本书中体现为"营改增"过渡时期的税收优惠政策，而不再单独分析营业税的税收优惠。在文本的预处理阶段，手动剔除优惠对象、

法律依据、特殊事项、相关解释、实务指南链接等字段，并剔除序号、日期以及不影响句子含义的英文字母，仅保留各项税收优惠的具体内容，从而避免与税收优惠政策内容无关的其他因素对统计结果的干扰。

第二，基于已选取的样本构建自定义词典。此处分别创建 15 个税种的税收优惠文本文件，对应 15 份文本数据。进一步地，利用 HanLP 工具包对样本数据 1 进行分词，并对初步的分词结果进行人工修正和去重，从而形成词典 1。以此为参照，对样本数据 2 至样本数据 15 进行分词的循环操作，在人工修正和去重后不断将新词添加至词典 1，直至无新词出现。最终得到"安全生产""安置残疾人""安置住房""办公土地""作价出资""作价入股""作价设备"等共计 969 个自定义新词。

第三，将文本读取到 Python 中，利用 HanLP 工具包及构建的自定义词典对税收优惠政策文本进行分词，进而去除仅用于词语连接和帮助表达但没有实际含义的停用词，最终得到企业税收优惠方式及优惠对象的高频词和关键词统计结果。

（二）企业税收优惠对象及优惠方式高频词统计

对企业税收优惠政策进行词频统计，能够运用程序自动识别最能体现文本主题和风格的词汇，也能够直观展现税收优惠政策制定的内在特征与倾向性。在此，本文基于税收优惠对象、内容、方式的研究视角，分别对企业适用的所有税收优惠政策、增值税税收优惠政策、企业所得税税收优惠政策进行词频统计，并在考虑重要性原则的基础上截取至第 150 分位，从而呈现出税收优惠政策高频词的分布状况与政策制定的主要指向。

根据表 2-7，各项税收优惠政策以企业为核心指向，单就增值税而言，其税收优惠对象主要包括学校、金融机构、医疗机构、农业生产者、个体工商户等，上述主体的词频均大于 7；从企业所得税来看，词频大于 7 的税收优惠对象主要指向集成电路企业、创业投资企业、软件企业、初创科技型企业、法人合伙人、小型微利企业、创新企业等主体。

表 2-7 企业税收优惠对象高频词统计

	词语（词频）
各税种总计	企业（154）
增值税	学校（11）、金融机构（10）、医疗机构（7）、农业生产者（7）、个体工商户（7）、资产公司（6）、科普单位（6）、残疾人（6）

续表

	词语（词频）
企业所得税	集成电路企业（21）、创业投资企业（10）、软件企业（9）、初创科技型企业（8）、法人合伙人（7）、小型微利企业（7）、创新企业（7）、高新技术企业（6）

根据表 2-8，从内容来看，企业税收优惠政策集中于企业的收入、土地、房屋、资产等项目。单就增值税而言，其税收优惠内容的高频词包括利息收入、不动产、固定资产、自己使用过的物品、境外消费、无形资产、国际运输服务、融资租赁等，企业所得税税收优惠内容的高频词则包括生产经营收入、利息收入、股息、红利、无形资产、投资额、股票等。

表 2-8　企业税收优惠内容高频词统计

	词语（词频）
各税种总计	收入（58）、土地（48）、服务（42）、货物（32）、利息收入（29）、房屋（25）、房产（23）、无形资产（22）、设备（20）、投资（20）、固定资产（20）、房屋权属（18）、公租房（17）、芳烃类化工产品（15）、股票（15）、股息（15）、红利（14）、投资额（13）、不动产（13）、资产（12）
增值税	利息收入（13）、不动产（13）、固定资产（11）、自己使用过的物品（10）、境外消费（10）、无形资产（8）、国际运输服务（8）、融资租赁（7）、门票收入（5）、软件产品（5）、设备（5）、有价证券（5）、投资基金（5）、土地使用权（5）、金融商品转让（4）
企业所得税	生产经营收入（21）、利息收入（16）、股息（15）、红利（14）、无形资产（14）、投资额（13）、股票（10）、固定资产（9）、环境保护（8）、直接投资（7）、专用设备（7）、集成电路（9）、节能节水（6）、债券（6）、仪器（6）、股权投资（5）

根据表 2-9，企业税收优惠方式以免征式的直接优惠为绝对主体，兼有免税、即征即退、减半征收、暂免征收等多种途径。从增值税来看，其优惠方式主要集中在免征、即征即退、免税、暂免征收、简易办法等。企业所得税的优惠方式主要有免征、减半征收、结转抵扣、减免税等。

表 2-9　企业税收优惠方式高频词统计

	词语（词频）
各税种总计	免征（413）、免税（46）、即征即退（45）、减按（36）、减半征收（34）、暂免征收（21）、减征（18）、减免税（15）
增值税	免征（194）、即征即退（44）、免税（12）、暂免征收（10）、简易办法（8）、减按（7）、先征后退（5）、退还（4）
企业所得税	免征（57）、减半征收（26）、结转抵扣（14）、减按（7）、减免税（10）、暂不征收（9）、加速折旧（6）

（三）企业税收优惠对象及优惠方式关键词统计

关键词是指文本中与内容意义最相关的词语。从统计结果来看，如表 2-10 所示，企业税收优惠对象的关键词包括企业、公司、学校、金融机构与居民企业，而增值税税收优惠的关键词包括金融机构、学校、科普单位、个体工商户、残疾人等，企业所得税税收优惠的关键词则涵盖软件企业、高新技术企业、集成电路生产企业等。

表 2-10　企业税收优惠对象关键词统计

	关键词
各税种总计	企业、公司、学校、金融机构、居民企业
增值税	金融机构、学校、科普单位、个体工商户、残疾人、农业生产者、医疗机构、资产公司
企业所得税	软件企业、高新技术企业、集成电路生产企业、创业投资企业、小型微利企业、初创科技型企业、天使投资个人

根据表 2-11，总体来看，企业税收优惠主要指向收入、土地、货物、利息收入等内容，增值税税收优惠以货物、利息收入、固定资产等内容为主，企业所得税税收优惠则以收入、利息收入、股息、基金、股票、固定资产、无形资产等为主。

表 2-11　企业税收优惠内容关键词统计

	关键词
各税种总计	收入、土地、货物、利息收入、房屋、设备、固定资产、车船税、股权、无形资产、资产
增值税	货物、利息收入、固定资产、国际运输服务、自己使用过的物品、融资租赁、产品、技术、无形资产、种子、科学研究、煤层气、门票收入、黄金、船舶
企业所得税	收入、利息收入、股息、基金、股票、固定资产、无形资产、股权、债券、农产品初加工、国债

根据表 2-12，在企业所有税收优惠的政策文本中，关键词包括免征、免税、暂免征收、减半征收等，增值税税收优惠的关键词包括免征、免税、即征即退、暂免征收等，企业所得税的税收优惠关键词包括免征、减半征收、暂不征收等。

表 2-12　企业税收优惠方式关键词统计

	关键词
各税种总计	免征、免税、暂免征收、减半征收、减按、减征、即征即退、减免税、抵扣、退还

续表

	关键词
增值税	免征、免税、即征即退、暂免征收、简易办法、退还
企业所得税	免征、减半征收、暂不征收、减按、减免税、加计扣除、加速折旧、暂免征收

综上所述，通过对企业税收优惠政策的文本进行剖析后发现，首先，从政策制定层面来看，我国的税收优惠政策以企业为主要受惠对象，具体包括收入、土地、房屋、资产等项目，且免征、免税等直接性减免构成我国企业税收优惠的主要实现方式。其次，作为企业税收优惠的主要税种，增值税与企业所得税在优惠对象、内容及方式上存在一定差异，前者旨在降低商品及服务流转环节弱势群体或特殊群体的实际税负，后者更倾向于激励企业的研发创新能力与实际盈利能力。此外，在优惠方式上增值税与企业所得税虽均以免征、免税为主，但增值税还倚重于即征即退、暂免征收、按照简易办法征收等，企业所得税则涵盖加计扣除、加计折旧等间接性税收优惠方式。

三、企业税收优惠水平的总体状况

依据国家税务总局发布的《2018 年度全国税式支出基础信息表》，本部分分别基于各税种、各优惠方式、主要的税收优惠政策等，对当前企业税收优惠水平的总体状况展开分析。

（一）企业税收优惠水平的现状——基于税种的划分

综括来看，2018 年全国各税种税收优惠金额总计 541.13 亿元。其中，增值税税收优惠的总金额居各税种之首，达 336.90 亿元；土地增值税税收优惠次之，达 78.49 亿元；契税与企业所得税税收优惠金额分别为 45.74 亿元与 44.56 亿元，其他税种的税收优惠金额相对较少。具体如图 2-1 所示。

（二）企业税收优惠水平的现状——基于优惠方式的划分

从税收优惠的方式来看，绝大部分税收优惠以免税方式实现，总计达 446.80 亿元，即征即退税收优惠达 53.96 亿元，居于次位。以降低税率实现的税收优惠金额为 16.00 亿元，而以加计扣除、税收抵免、投资抵免、减计收入等方式实现的税收优惠相对较少。具体如图 2-2 所示。

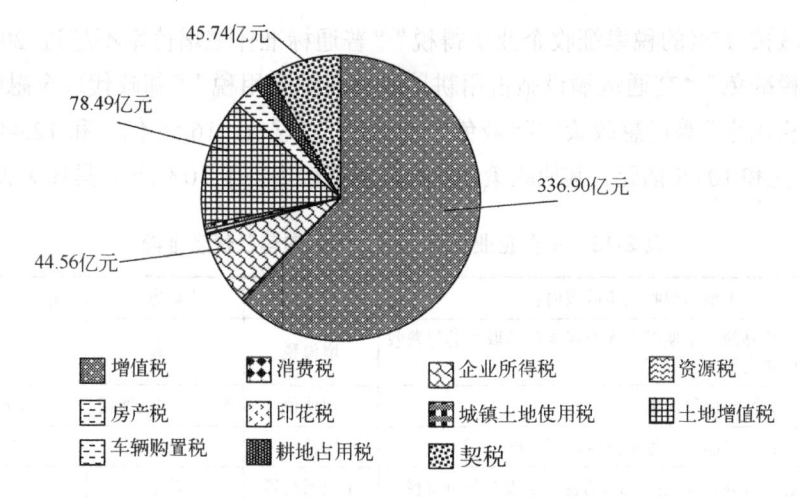

图 2-1　基于税种划分的税收优惠金额统计

资料来源：《2018 年度全国税式支出基础信息表》

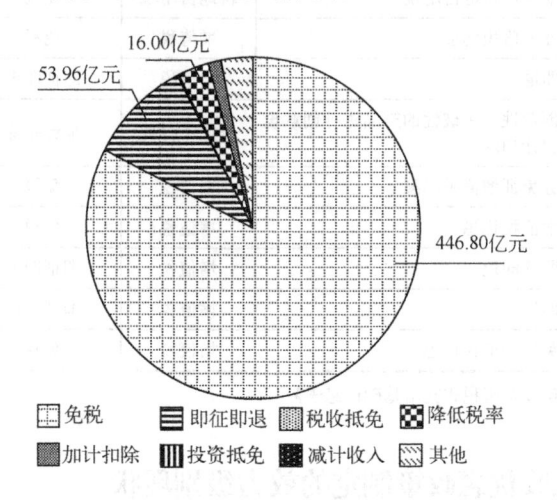

图 2-2　基于优惠方式划分的税收优惠金额统计

资料来源：《2018 年度全国税式支出基础信息表》

（三）企业税收优惠的主要政策名称及其优惠金额

从实际优惠力度来看，主要的税收优惠政策多集中于增值税、土地增值税和耕地占用税，优惠方式集中于免税、即征即退、加计扣除等方式。其中，"保险公司开办的一年期以上人身保险产品取得的保费收入免征增值税优惠"实际优惠金额最大，达到 54.02 亿元；"黄金交易免征增值税优惠"实际优惠金额次之，达 20.15 亿元；另有"资源综合利用产品及劳务增值税即征即退" "技术先进型服务企业减按 15%的税率征收企业所得税""普通标准住宅增值率不超过 20%的土地增值税减免""交通运输设施占用耕地减征耕地占用税""邮政代理金融收入免征增值税优惠"等优惠政策实际减免力度达 17.32 亿元、16.55 亿元和 12.44 亿元、11.46 亿元和 10.85 亿元。其他政策的实际优惠金额均小于 10 亿元。具体见表 2-13。

表 2-13 主要企业税收优惠政策的内容及优惠金额

主要的税收优惠政策内容	税种	优惠方式	优惠金额/亿元
保险公司开办的一年期以上人身保险产品取得的保费收入免征增值税优惠	增值税	免税	54.02
黄金交易免征增值税优惠	增值税	免税；即征即退	20.15
资源综合利用产品及劳务增值税即征即退	增值税	即征即退	17.32
技术先进型服务企业减按15%的税率征收企业所得税	企业所得税	其他	16.55
普通标准住宅增值率不超过20%的土地增值税减免	土地增值税	免税	12.44
交通运输设施占用耕地减征耕地占用税	耕地占用税	免税	11.46
邮政代理金融收入免征增值税优惠	增值税	免税	10.85
软件产品增值税即征即退	增值税	即征即退	6.35
企业为获得创新性、创意性、突破性的产品进行创意设计活动发生的相关费用加计扣除	企业所得税	加计扣除	6.23
国际货物运输代理服务免征增值税优惠	增值税	免税	5.66
农村电网维护费免征增值税优惠	增值税	免税	4.12
管道运输服务增值税即征即退	增值税	即征即退	3.93
水力发电增值税即征即退	增值税	即征即退	3.86
技术转让、技术开发免征增值税优惠	增值税	免税	3.83

资料来源：《2018 年度全国税式支出基础信息表》

四、企业税收优惠政策制定的效力级别现状

企业税收优惠政策的效力级别反映了政策制定程序的规范性、政策内容的正当性、税法的稳定性以及权威性。北大法宝法律法规数据库（中国法律检索系统）是目前国内成熟、专业、先进的法律法规检索系统，数据内容不仅涵盖全国及各地方人民代表大会（常委会）、国务院及其行政机构、各级地方政府及其行政机构等部门批准或颁布的法律、行政法规、地方性法规、部门规章、地方政府规章、规范性文件等内容，而且收录有中共中央及其组成部门发布的党内法规，以及社会团体、行业协会等机构发布的团体规定与行业规定。以此为依托，本部分对企业税收优惠政策制定的效力级别总体现状、中央法规现状以及地方性法规现状进行分析。

（一）企业税收优惠政策制定的效力级别总体现状

从中央和地方涉及税收优惠的政策总数来看，2015—2019年企业税收优惠政策发文总数分别为2783件、3358件、3034件、2222件、1153件，总体呈现下降趋势。其中，以营商环境优化为主题的税收优惠政策分别为341件、486件、497件、461件和233件，呈现先上升后下降的趋势；以税收为主题的税收优惠政策件数分别为256件、246件、120件、157件和115件，总体呈现波动中逐渐下降的态势。具体见图2-3。

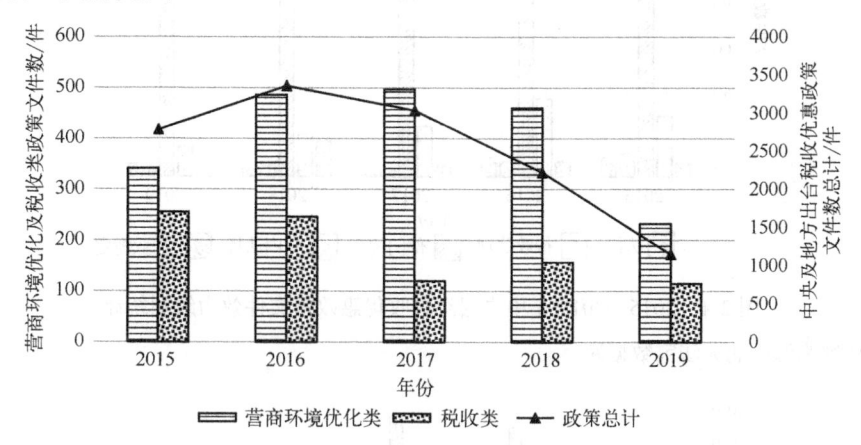

图2-3 2015—2019年中央及地方涉及税收优惠政策的文件数统计

资料来源：北大法宝数据库

（二）企业税收优惠政策制定的中央法规现状

从中央层面来看，企业税收优惠政策的效力级别以部门规章为主，行政法规次之，法律、党内法规、行业规定占比相对较少。而从总体规模来看，中央层面的企业税收优惠政策文件数呈现先上升再下降的趋势。具体见图2-4。

如图2-4所示，2015—2019年中央层面所颁布的企业税收优惠政策文件共计807件，各年份分别为160件、200件、183件、155件、109件。其中，部门规章占据绝对主体地位，共计571件，2015—2019年分别为101件、139件、146件、103件和82件；行政法规次之，共计124件，各年份分别为29件、37件、24件、20件和14件；法律、党内法规、行业规定等相对较少。

从发文部门来看，2015—2019年企业税收优惠政策文件的发文部门以国务院各机构为绝对主体，共计613件，分年度来看，2015—2019年国务院各机构颁布的企业税收优惠政策文件分别为112件、149件、156件、114件和82

件，呈现先上升后下降的态势。国务院的发文数量次之，共计 96 件，2015—2019 年各年份发文数量分别为 28 件、28 件、14 件、14 件和 12 件。全国人民代表大会、全国人民代表大会常委会、党中央部门、其他机构等发文数量则相对较少。具体见图 2-5。

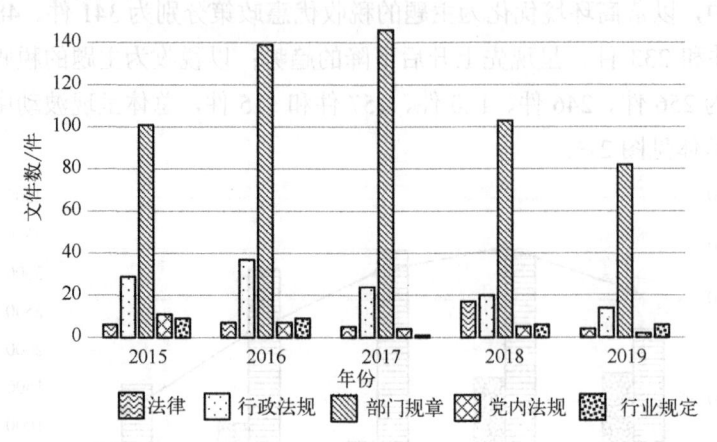

图 2-4 2015—2019 年中央层级税收优惠政策文件效力级别统计

资料来源：北大法宝数据库

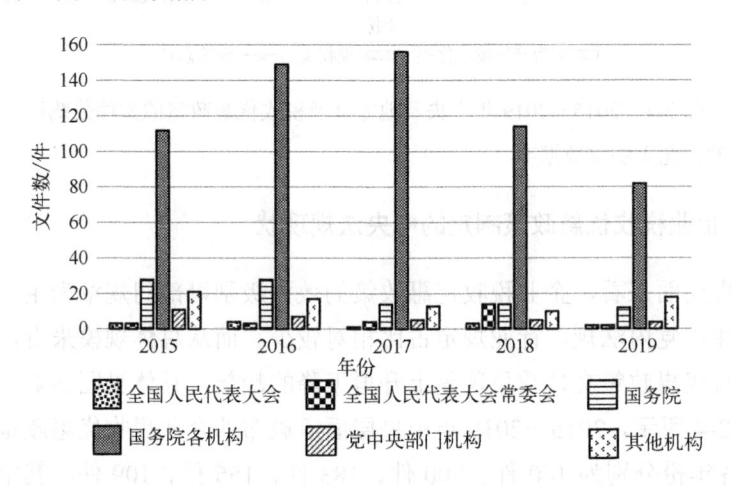

图 2-5 2015—2019 年中央层级税收优惠政策文件发文部门统计

资料来源：北大法宝数据库

（三）企业税收优惠政策制定的地方性法规现状

从政策制定的地方性法规现状来看，企业税收优惠以地方规范性文件与地方工作文件占绝对主体地位，地方性法规与地方政府规章相对较少。从时间维度来看,2015—2019年地方层级的税收优惠文件呈逐渐下降的态势。具体见表2-14。

表2-14 2015—2019年地方层级税收优惠政策文件效力级别统计　　单位:件

年份	地方性法规	地方政府规章	地方规范性文件	地方工作文件	总计
2015	35	18	1489	1071	2613
2016	40	8	1402	1704	3154
2017	43	10	1499	1294	2846
2018	65	14	1018	967	2064
2019	79	10	521	430	1040
总计	262	60	5929	5466	11717

资料来源:北大法宝数据库

如表2-14所示,2015—2019年地方层级的税收优惠政策文件分别为2613件、3154件、2846件、2064件、1040件,大体呈逐渐下降的态势。分项目来看,2015—2019年以地方规范性文件为主要形式的企业税收优惠政策文件分别为1489件、1402件、1499件、1018件和521件,而地方工作文件分别为1071件、1704件、1294件、967件和430件。地方性法规与地方政府规章相对较少,合计为262件与60件。

从2015—2019年各省(自治区、直辖市)涉及地方性税收优惠政策文件的数量统计来看,河南、山东、安徽等颁布的地方性税收优惠文件较多,均累计超过700件,辽宁、江苏、福建等次之,表明上述地区出台的税收优惠文件规范性较低;而北京、天津、新疆、海南、重庆等颁布的地方性税收优惠政策文件总量较少,均累计未超过200件,表明上述地区的税收优惠政策文件规范性较高。具体见表2-15。

表2-15 2015—2019年各省(自治区、直辖市)涉及地方性税收优惠文件数量统计

单位:件

省(自治区、直辖市)	2015年	2016年	2017年	2018年	2019年	总计
北京	28	39	21	45	20	153
天津	16	18	23	17	13	87
河北	97	150	112	68	34	461
山西	79	83	70	27	15	274
内蒙古	96	82	104	64	14	360
辽宁	108	165	160	87	74	594
吉林	58	82	63	42	19	264
黑龙江	64	68	71	84	34	321

续表

省（自治区、直辖市）	2015年	2016年	2017年	2018年	2019年	总计
上海	60	45	47	36	22	210
江苏	162	209	138	94	60	663
浙江	124	115	120	80	48	487
安徽	132	193	234	136	35	730
福建	149	161	184	119	35	648
江西	74	93	84	68	45	364
山东	150	175	184	198	60	767
河南	116	211	205	128	75	735
湖南	79	95	117	91	33	415
湖北	87	129	105	86	47	454
广东	105	160	65	55	49	434
广西	125	111	67	66	40	409
四川	155	127	152	34	29	497
贵州	85	125	98	103	44	455
云南	86	113	121	135	70	525
陕西	81	44	45	47	33	250
甘肃	96	108	58	25	16	303
青海	59	42	48	34	18	201
宁夏	56	68	42	33	12	211
新疆	19	42	36	14	10	121
海南	44	55	47	23	14	183
重庆	23	47	25	20	24	139
合计	2 613	3 155	2 846	2 059	1 042	11 715

资料来源：北大法宝数据库

五、企业申报享受税收优惠政策的便利度现状

本书通过综合税负率、纳税次数、纳税时间以及申报后处置时间（税后处置流程）等指标，反映企业申报享受税收优惠政策的便利度现状。数据来源为普华永道与世界银行联合发布的历年《纳税营商环境报告》。从结果来看，近年来，中国的纳税营商环境取得了明显进步，具体表现在：2017—2019年纳税指标得分由

67.9上升至70.1；综合税负率整体由2011年的67.6%降低至59.2%，降幅近10%，其中，针对利润课征的税负呈现先上升后下降的趋势，2017年最高为11.8%，2019年最低为6.3%；对劳动课征的税负占比近5成，变化趋势整体平稳；其他类税负呈现小幅下降的趋势，2019年该指标为6.8%。2011—2019年中国的纳税遵从时间由358小时减少至138小时，表明近年来中国企业的纳税便利度取得长足进步，其中，企业所得税类纳税遵从时间由74小时下降至40小时，劳动税类纳税遵从时间由152小时下降至52小时，消费类税负由112小时下降至46小时。申报后处置时间指数较为稳定，得分为50。总体而言，中国的纳税营商环境指数的世界排名为105。具体见表2-16。

表2-16 2011—2019年中国纳税营商环境情况

		2019年	2018年	2017年	2016年	2015年	2014年	2013年	2012年	2011年
纳税指标得分		70.1	70.1	67.9						
综合税负率/%	利润税负	6.3	6.3	11.8	11.3	10.8	10.9	10.6	10.6	9.0
	劳动税负	46.2	46.2	45.4	48.1	48.9	48.5	49.5	49.8	49.6
	其他税负	6.8	6.8	6.8	7.0	8.5	8.5	8.5	8.5	8.9
	合计	59.2	59.2	64.0	66.5	68.2	67.9	68.6	68.8	67.6
纳税遵从时间/小时	企业所得税类	40	40	40	52	62	59	59	70	74
	劳动税类	52	52	54	91	109	110	110	142	152
	消费税类	46	46	48	64	89	92	92	106	112
	合计	138	138	142	207	259	261	318	338	358
纳税次数	利润税	2	2	2	3	3	3	3	3	3
	劳动税	1	1	1	1	1	1	1	1	1
	其他税	4	4	4	5	5	5	5	5	5
	合计	7	7	7	9	9	9	9	9	9
申报后处置时间		50	50	50						
排名		105	105							

资料来源：历年《纳税营商环境》报告

第三节 企业税收优惠政策演进的主要特点

纵观改革开放以来企业税收优惠政策的变迁历程，企业税收优惠政策在目标、理念及内容等方面均实现了转型。具体而言，政策目标由经济高速增长转向高质量发展，政策理念由差别性、临时性转向普惠式、实质性，政策内容由总量型需求管理转向结构型供给侧调整，服务于充分就业与经济稳定增长的宏观政策目标。

一、政策目标由经济高速增长转向高质量发展

改革开放以来，中国对原有税制框架进行调整与重塑，与之相适应，税收优惠的功能与目标也经历了优化与完善。改革开放初期，经济发展格局一方面呈现为由经济特区、沿海开放城市、沿海经济开放区、内地共同组成的对外开放格局，以"税负从低、优惠从宽"为鲜明特征的涉外税制，对于撬动资金、人才等生产要素具有积极影响，在出口创汇、推动沿海地区的超高速经济增长等方面发挥了重要作用。另一方面，在对内实行的两步"利改税"、分税制财政体制改革的进程中，税收优惠作为新老税制之间的必要衔接，对于税制的平稳过渡同样具有重要意义。

而后，随着经济驶入高速增长的快车道，我国在税制模式大体完善的基础上，以税收优惠服务于经济增长为总目标，营造的低税负环境对于经济总量的不断扩大作出了重要贡献。以深圳市为例，其作为经济特区因而享受到多重优惠叠加的营商环境，在1980—1984年、1985—1993年、1994—2001年三阶段宏观税负分别为6%、10.1%、15.02%，与之相对应，深圳经济的年均增长率分别为50%、25%和17%，经济总量每隔几年就上升一个新台阶，综合经济实力也实现了跨越式发展。

但与此同时，税收优惠政策也在一定程度上存在事出频繁、政出多门、形式复杂、正当性规范性不足等问题，对税收优惠的实际效果形成减损，以税收优惠为杠杆撬动企业投资、拉动经济增长的边际效用也有所下降。承上文所述，企业税收优惠的发布部门包括全国及各地方人民代表大会（常委会）、国务院及其行政机构、各级地方政府及其行政机构，形式涵盖法律、行政法规、地方性法规、部门规章、地方政府规章、规范性文件等，几乎覆盖全行业、现行全部税种，且"特惠"性质突出，例如针对外资、国有资本、特殊人群、特定产业、特定行业甚至是特定企业的税收优惠，以及针对部分旅游度假区、工业园区、国家级新区、开发区、出口加工区、保税区、中西部贫困地区、民族地区等，导致资源的流动受制于税收优惠的力度而非市场的调节机制，既有违于税收中性、税负公平的原则，也加剧了税收套利现象的发生。

当前，经济发展方式由规模速度型转向质量效益型，为适应经济发展新常态，

培育经济发展新动力、拓展新空间，客观上要求对税收优惠的功能与目标进行转换，通过普惠式、实质性的税收优惠政策创设公平营商环境、有效提升市场活力。上述改革思路对于破解当前新老矛盾交织，周期性、结构性问题叠加的经济运行局面尤其具有迫切的现实意义。

二、政策理念由差别性、临时性转向普惠式、实质性

以往的税收优惠服务于特定阶段、特定的经济发展目标，因而具有差别性、临时性、权宜性特征。具体包括：改革开放初期面向外资的特惠型税收优惠、20世纪90年代为适应西部大开发战略、中部崛起战略、振兴东北老工业基地战略而颁布的区域性税收优惠，结构性减税部署下扶持软件产业、文化产业、体育产业、节能服务产业、集成电路、海上油气开发等发展的产业型税收优惠。同时，税制改革的逻辑大体呈现为先行选择部分地区、部分行业、部分企业进行试点，而后逐步推广至全国或全行业。此外，地方政府依然能够在法定权限范围内制定招商引资优惠政策，因此，部分地方政府或财政部门通过税收返还等方式对个别企业进行违规的税收减免措施，从而人为制造"税收洼地"，对税收制度的规范性造成不利影响。例如，部分地方政府以隐性的税收优惠为条件吸引企业前来投资落户，各地区自行其是，甚至为争夺税源进行恶性竞争，而从整体来看，极易滋生权力寻租的空间，引致税基侵蚀与税收收入的流失。

据统计，2010—2011年全国因减免税收减少财政收入1.63万亿元和1.51万亿元，两年间财政收入减少超3万亿元。❶又如，2009年审计署曾披露，对全国范围内高新技术企业税收优惠的实施情况进行抽查后发现，近半数企业申报材料不合格，造假之风盛行。❷而从现实来看，特惠型税收优惠政策一经出台，实际受惠者往往是大型企业、龙头企业、国有企业等本身就具有议价能力与市场竞争力的企业，而急需扶持的中小企业，却始终处于"造血"能力与"输血"均偏弱的劣势地位。与此同时，不应忽视的问题是，税收作为维持国家政权正常运转和社会稳定重要且最为基本的支撑力量，其收入规模的下降，也意味着财政减收、财政赤字扩大以及政府债务水平的上升，而短期性、局部性、碎片化的减税政策过多、过滥而可能引致的公共风险不可小觑。

---

❶ 清理"税收洼地"招商靠"服务高地"[EB/OL].（2014-12-11）[2020-11-27]. http://opinion.people.com.cn/n/2014/1211/c159301-26185848.html.
❷ 清理"税收洼地"招商靠"服务高地"[EB/OL].（2014-12-11）[2020-11-27]. http://opinion.people.com.cn/n/2014/1211/c159301-26185848.html.

基于此，国务院于2014年发布《国务院关于清理规范税收等优惠政策的通知》（国发〔2014〕62号），提出：全面规范税收等优惠政策，促进形成全国统一的市场体系，打破地方保护和行业垄断，推动经济转型升级。因此，与原有短期性、局部性与碎片化的税收优惠相区别，新一轮减税降费下的税收优惠政策以全新的理念为指导，对企业纳税人实施更具实质性与普惠性的降负举措。例如：将增值税扩围改革推广至全国、全行业，普惠式下调增值税税率，将增值税留抵退税制度扩大至全行业，在全行业提高研究开发费用税前加计扣除的比例等。

上述政策立足于我国减税的核心落脚点是：通过"简税"实现"减税"。这是因为，在原有的税收优惠政策框架下，政府通过税收优惠所放弃的财政收入，与由此带来的扭曲市场资源配置机制、政策难落地、征管成本上升相比，"所得"难以偿"所失"。而通过规范、简化税费征收制度与征管程序，有利于充分释放改革红利，切实增强企业的获得感。

三、政策内容由总量型需求管理向结构型供给侧调整

自结构性减税政策实施以来，税收优惠政策主要侧重于总量型需求管理，旨在拉动投资增长、提振消费、优化产业结构、改善民生等。而进入中国特色社会主义新时代，我国社会主要矛盾已转化为人民日益增长的美好生活需要和不平衡不充分的发展之间的矛盾，经济发展面临的主要挑战也转向核心技术创新能力偏低、劳动力成本日渐上升、经济社会发展与资源环境约束的矛盾日益突出、企业对税费负担的"感知"更为明显等。而本轮实质性减税降费下的税收优惠举措，旨在切实降低企业的税费负担，从而提高其盈利能力与投资回报率，筑牢制造业的发展之基，助力供给侧结构性改革的顺利推进。其原因在于，从经济发展的供给端角度看，制造业不仅是各类资源要素最为集中的领域，为价值创造、解决就业以及技术创新提供坚实基础，同时也是以金融业为代表的虚拟经济得以发展壮大的有力支撑；从社会生活角度看，近年来，居民家庭收入与财富积累的持续攀升带动了消费升级，中高端消费者对产品供给的质量也提出了更高要求。

新一轮减税降费充分体现了供给侧结构性改革的总方向，从其推出的一系列税收优惠政策来看：

第一，税收优惠举措的重心直接指向全部税收收入中占比近40%的增值税。主要内容包括：将制造业等行业所适用的税率由16%降至13%，将交通运输业、建筑业等行业所适用的税率由10%降至9%等。上述减负效果，对于生产与消费完全分离、依托原材料与设备进行再加工、中间环节较多、工艺较为复杂的制造

业企业来说将体现得更为充分。另外，增值税虽为价外税，具有税收中性的特征，但是，从货物流转的链条来看，增值税税率下调后，部分企业将压低商品的最终售价，目的在于扩大市场销路，亦能够更好地满足消费者需求。第二，通过提高研发费用税前加计扣除比例，支持企业投入科技创新。本轮税收优惠举措对企业研发费用的税前加计扣除比例由 50% 逐步提高至 75%，且政策覆盖面由科技型中小企业最终扩大至所有企业，使得政府提倡、支持企业自主创新的税收政策更为宽松务实，上述举措对于扶持战略性新兴产业、先进制造业、中小企业、民营企业发展壮大具有重要意义。第三，通过实质性的优惠让利措施降低小微企业的税收负担。例如：将小微企业应纳税所得额上限最终提高至 300 万元；将小规模纳税人认定标准最终提高至年应征增值税销售额 500 万元；将增值税小规模纳税人的免征额提高至月销售额 10 万元；对增值税小规模纳税人减征"六税两费"等。

总体而言，本轮以实质性、普惠性为鲜明特征的税收优惠政策是对原有改革承诺的稳步兑现，也是应对新一轮国际税收竞争的现实需要和策略选择，以制造业为代表的实体经济将直接受益，有助于企业投入核心技术创新，打造具有国际影响力的一流产品与服务，塑造品牌优势，推动企业经营的提质增效与高质量发展。

第三章

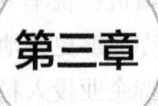

税收优惠影响企业投资行为有效性的实证分析

投资是企业扩大再生产的必要条件,也是拉动经济增长的三驾马车之一。固定资产投资是企业投资的重要内容,基于理论与现实的双重考量,政府有必要通过积极的财政政策,尤其是税收优惠政策,降低企业投资的成本,从而实现对企业投资活动的有效激励。2014年起财政部、国家税务总局针对部分行业陆续出台的固定资产加速折旧政策成为外生冲击,为检验税收优惠政策影响企业投资行为的有效性,本章利用双重差分(DID)的因果识别方法展开实证分析。

第一节 税收优惠影响企业投资行为有效性的分析框架

首先,基于税收优惠政策通过降低企业投资成本从而促进企业投资的作用机制,提出税收优惠影响企业投资行为有效性的研究假设。而后,依据《财政部 国家税务总局关于完善固定资产加速折旧企业所得税政策的通知》(财税〔2014〕75号)、《财政部 国家税务总局关于进一步完善固定资产加速折旧企业所得税政策的通知》(财税〔2015〕106号),以2014年起针对部分行业渐进式施行的企业固定资产加速折旧税收优惠政策为外生冲击,构建双重差分模型(DID)。实证分析以国泰安(CSMAR)数据库为依托,数据来源为沪深A股上市公司所公开的财务报表数据。

一、制度背景与研究假说

2014年9月,国务院常务会议决定,支持部分企业通过固定资产加速折旧的税收优惠政策，扩大企业的投资规模与研发创新水平，从而为经济社会长远稳健发展增添动力。2014年10月，《财政部 国家税务总局关于完善固定资产加速折旧企业所得税政策的通知》（财税〔2014〕75号）中指出对生物药品制造业等6个行业的企业在2014年1月1日后新购进的固定资产，可缩短折旧年限或采取加速折旧的方法。❶2015年9月，依据《财政部 国家税务总局关于进一步完善固定资产加速折旧企业所得税政策的通知》（财税〔2015〕106号），固定资产加速折旧企业所得税优惠政策的范围扩大至轻工、纺织、机械、汽车等四个领域重点行业。❷2019年4月，为进一步支持制造业企业加快技术改造和设备更新，《财政部 国家税务总局关于扩大固定资产加速折旧优惠政策适用范围的公告》（财政部 税务总局公告2019年第66号）中将固定资产加速折旧优惠的行业范围扩大至全部制造业领域。❸

依据税法规定，企业在日常经营活动中，为取得收入而发生的相关支出，包括成本、费用、税金等，可在计算应纳税所得额时相应扣除。其中，依据经济效益产生时间的长短，可将企业税前扣除的成本分为收益性支出与资本性支出。前者包括工资薪金支出、职工福利费、利息费用等，可在发生当期按照实际发生的金额从收入总额中直接扣除，从而抵减支出发生当期的应纳税所得额；后者主要针对企业因购置固定资产所发生的费用支出，由于固定资产的投资结构倾向于长期，且受益期限通常为多个营业周期，其成本也需要在各个受益期内进行合理分摊，这样才符合会计上收入与费用的配比原则（刘啟仁 等，2019）。

所谓加速折旧税收优惠政策是指，通过双倍余额递减法、年数总和法、缩短年限法等，缩短固定资产的累计折旧年限，或增加企业购置固定资产初期各年份计提折旧的金额，以此来提高固定资产折旧在应纳税所得额中应当扣除的金额，从而降低企业应纳税额，增加企业的税后收益，激励企业固定资产投资。

但亦有文献指出，固定资产加速折旧政策对企业投资的影响较为有限。例如，有学者指出，相较于投资抵免等直接影响企业会计利润的税收优惠政策，加速折旧政策通过减少企业的应纳税所得额从而增加企业的税后收益及现金流，由于管

---

❶ 财政部、国家税务总局关于完善固定资产加速折旧企业所得税政策的通知[EB/OL].（2014-10-20）[2021-03-03]. http://www.chinatax.gov.cn/n810341/n810755/c1260992/content.html.
❷ 财政部、国家税务总局关于进一步完善固定资产加速折旧企业所得税政策的通知[EB/OL].（2015-09-17）[2021-03-03]. http://www.chinatax.gov.cn/n810341/n810755/c1818604/content.html.
❸ 财政部、税务总局关于扩大固定资产加速折旧优惠政策适用范围的公告[EB/OL].（2019-04-23）[2021-03-03]. http://www.chinatax.gov.cn/n810341/n810755/c4300874/content.html.

理层更为关注企业的会计利润而非现金流,因此,投资抵免税收优惠的有效性高于加速折旧政策(Edgerton,2012)。

可见,在加速折旧税收优惠政策在促进企业投资的有效性方面,学术界尚未达成共识。由此,本书提出如下假说:给定其他条件不变,2014年起实施的固定资产加速折旧税收优惠政策对企业固定资产投资的影响不确定。

二、模型设定及变量选择

为实证检验加速折旧政策影响企业投资的有效性,本书借鉴刘行等(2019),樊勇和管淳(2020),刘啟仁等(2019)的研究,利用2014年起施行的固定资产加速折旧新政作为外生冲击,构建如下双重差分的实证模型:

$$\text{Invest}_{i,t} = \alpha_0 + \alpha_1 \text{Post}_t + \alpha_2 \text{Treat}_i + \alpha_3 \text{Post}_t \times \text{Treat}_i \\ + \sum \text{Controls}_{i,t} + D + \varepsilon_{i,t} \quad (3-1)$$

等式左边为模型的被解释变量,以 $\text{Invest}_{i,t}$ 表示固定资产投资净增加额。Post_t 表示处理期虚拟变量,2014年加速折旧政策实施前取1,2014年及以后取0。Treat_i 表示企业是否属于加速折旧政策试点范围,若企业所属行业包含于加速折旧政策针对的六大行业,则该值取1,否则该值取0。$\text{Post}_t \times \text{Treat}_i$ 为处理期虚拟变量与处理组虚拟变量的交互项,也是本书重点关注的变量,表示受加速折旧政策影响的企业在政策实施前后固定资产投资规模的变化幅度。若该值显著,则表明加速折旧政策对企业投资具有影响。若该值为正,则表明固定资产加速折旧政策对企业投资具有正向作用。与此同时,Controls 表示控制变量集,包括资产负债率(Assdebt)、现金流(Cashflow)、大股东持股比例(Tophold)、营业收入(Business)以及净资产收益率(ROE)。D 表示固定效应,包括时间固定效应、企业固定效应和行业固定效应。$\varepsilon_{i,t}$ 为随机扰动项,表示不可观测因素对模型的影响。各变量含义及计算说明具体见表3-1。

表3-1 各变量含义及计算说明

符号	名称	界定
Invest	固定资产投资净增加额	(当期固定资产净值-上期固定资产净值+当期固定资产折旧额)/ 上期期末资本存量 固定资产净值:固定资产净额为固定资产原价除去累计折旧和固定资产减值准备之后的净额 期末资本存量:可折旧的有形资产净值(有形净资产总额=资产总额—无形资产净值—商誉净额)
Post	处理期虚拟变量	样本区间在2010—2013年时该值取0; 样本区间在2014—2017年时该值取1

续表

符号	名称	界定
Treat	处理组虚拟变量	样本属于加速折旧政策试点范围的行业时该值取 1；样本不属于加速折旧政策试点范围的行业时该值取 0
Assdebt	资产负债率	企业期末总负债/企业期末总资产
Cashflow	现金流	期末现金及现金等价物的余额；为降低数据波动对分析结果的影响，此处在原始数据基础上做对数处理
Tophold	大股东持股比例	前十名股东持股比例之和
Business	营业收入	企业经营过程中确认的营业收入；为降低数据波动对分析结果的影响，此处在原始数据基础上做对数处理
ROE	净资产收益率	净利润/股东权益平均余额；股东权益平均余额=（股东权益期末余额+股东权益期初余额）/2

三、样本数据来源与描述性统计

本书的研究样本为沪深 A 股上市公司，样本期间为 2010—2017 年，数据来源为国泰安（CSMAR）数据库。之所以选取上市公司为研究样本，主要原因有三：其一，根据国家统计局出版的《国际统计年鉴（2018）》所公布的数据，2017 年中国上市公司的总市值占 GDP 的比重达到 71.2%，上市公司对于推动国民经济增长发挥了重要作用；其二，上市公司能更好地贯彻会计准则及审计准则对财务报表的编制要求，因而其财报具有较高的规范性和可信度，且可比性和可获得性更为占优；其三，上市公司因其生产经营规模大、现金流量水平高，所覆盖的负担类型更为全面、真实性更强。因此，本书以 A 股上市公司财务数据为依托进行测算，在样本选取方面具备一定的代表性。

为保证样本选取的科学性与质量，我们对数据进行如下筛选和说明：第一，剔除样本期内处于 ST 及*ST 的企业；第二，由于金融企业所适用的会计准则与一般企业相比较为特殊，部分指标不具有可比性，因此将金融类企业从研究样本中予以剔除；第三，考虑到在 2014 年固定资产加速折旧政策颁布后，依据《财政部 国家税务总局关于进一步完善固定资产加速折旧企业所得税政策的通知》（财税〔2015〕106 号），将固定资产加速折旧政策先后推广至轻工、纺织、机械、汽车等领域重点行业企业，因此，上述企业在 2015 年 1 月 1 日后购进固定资产的行为同样受到加速折旧政策的影响，不宜作为 2014 年加速折旧政策实施效应评估的对照组，因此在样本中予以剔除。

进一步地，对原始数据进行清理及整合的流程大体如下：剔除简单重复的观测值；剔除错误共享 ID 的观测值；剔除被解释变量与关键自变量均为缺失值的样本；剔除变量值缺失较多的样本；对各连续变量在 1%和 99%处进行 winsorize 缩尾处理，从而降低异常值对回归结果的影响。经过上述程序，最终获得 2010—2017 年共 10 918 个观测值。具体见表 3-2。

表 3-2　税收优惠政策影响企业投资行为有效性实证分析的企业样本数量　　单位：个

	2010 年	2011 年	2012 年	2013 年	2014 年	2015 年	2016 年	2017 年	合计
样本数量	111 6	123 5	131 2	133 9	140 6	151 1	150 8	150 7	10 918

表 3-3 列示了主要变量的描述性统计结果。如表 3-3 所示，企业固定资产的净增加额占资本存量的比重平均为 0.114，但不同企业的增幅相差很大；处理组虚拟变量的均值为 0.543，表明受固定资产加速折旧政策影响的企业数占样本公司总数的 54.30%。从数据分布与正态分布的偏离程度来看，固定资产投资净增加额、资产负债率和营业收入的偏度为负，数据分布呈现为左侧长尾；现金流、大股东持股比例、净资产收益率的偏度为正，数据分布呈现为右侧长尾。从数据分布的陡峭及平滑程度来看，除处理组虚拟变量、虚拟期虚拟变量外，大股东持股比例的峰度小于 3，其余变量的峰度均明显大于 3；其中，固定资产投资净增加额、资产负债率、净资产收益率的峰度远大于 3，表明上述变量的分布呈现尖峰厚尾的特点。

表 3-3　主要变量描述性统计

变量名	观测值/个	平均数	标准差	最小值	最大值	偏度	峰度
固定资产投资净增加额	10 343	0.114	1.803	-0.802	143.530	58.881	420 1.08
处理期虚拟变量	10 918	0.358	0.479	0	1	0.592	1.351
处理组虚拟变量	10 918	0.543	0.498	0	1	-0.171	1.029
资产负债率	10 914	0.464	0.453	-0.195	29.698	31.125	171 7.43
现金流	10 918	20.171	1.479	9.824	26.465	-0.061	5.300
大股东持股比例	10 917	58.906	16.117	1.320	100.020	-0.165	2.611
营业收入	10 907	21.425	1.670	9.044	28.689	0.298	4.263
净资产收益率	10 854	0.073	0.245	-10.361	5.556	-18.762	772.405

表 3-4 分区域列示了被解释变量企业固定资产投资净增加额的各年度描述性统计。如表所示，各地区企业固定资产投资的净增加额均呈现波动中稍显下降的态势。

表 3-4 2010—2017 年企业固定资产投资净增加额均值的分区域描述性统计分析

区域	2010年	2011年	2012年	2013年	2014年	2015年	2016年	2017年
东部	0.152	0.060	0.133	0.064	0.150	0.054	0.057	0.041
中部	0.144	0.200	0.090	0.811	0.058	0.095	0.080	0.045
西部	0.083	0.091	0.353	0.440	0.059	0.100	0.075	0.056
东北	0.436	0.103	0.063	0.055	0.232	0.306	0.117	0.034

表 3-5 列示了 2010—2017 年企业固定资产投资净增加额均值的分行业描述性统计。如表 3-5 所示,固定资产投资主要集中于制造业,电力、热力、燃气及水生产和供应业,建筑业,交通运输、仓储和邮政业,住宿和餐饮业等行业,但从总体趋势来看,受近几年经济增速放缓、外部需求萎缩、国内经济结构调整等因素影响,固定资产投资呈现缓慢下降态势。

表 3-5 2010—2017 年企业固定资产投资净增加额均值的分行业描述性统计分析

行业	2010年	2011年	2012年	2013年	2014年	2015年	2016年	2017年
农、林、牧、渔业	0.032	0.068	0.084	0.067	0.081	0.061	0.061	0.055
采矿业	0.387	0.306	0.115	0.730	0.106	0.062	0.033	0.055
制造业	0.151	0.086	0.093	0.125	0.086	0.086	0.074	0.055
电力、热力、燃气及水生产和供应业	0.396	0.088	0.298	1.996	0.226	0.233	0.132	0.068
建筑业	0.114	0.032	0.869	0.027	0.019	0.021	0.085	0.027
批发和零售业	0.033	0.047	0.036	0.024	0.034	0.096	0.066	0.023
交通运输、仓储和邮政业	0.422	0.100	0.075	0.107	0.062	0.084	0.092	0.050
住宿和餐饮业	0.491	0.037	0.017	0.041	0.067	0.170	0.062	0.043
信息传输、软件和信息技术服务业	0.025	0.040	0.036	0.151	0.047	0.042	0.037	0.035
房地产业	0.022	0.015	0.005	0.006	0.011	0.025	0.014	0.014
租赁和商务服务业	0.002	0.092	0.103	0.044	0.002	0.026	0.033	0.025
科学研究和技术服务业	0.010	0.042	0.084	0.063	0.093	0.049	0.038	0.040
水利、环境和公共设施管理业	0.036	0.101	1.760	0.084	3.088	0.037	0.086	0.035
教育	—	0.057	0.006	0.044	0.097	0.007	0.008	0.033
卫生和社会工作	0.040	0.092	0.049	0.055	0.084	0.367	0.084	0.101
文化、体育和娱乐业	-0.004	0.549	0.274	0.045	0.046	—	0.019	0.008
综合	0.010	0.028	0.029	0.246	0.017	-0.012	0.044	0.018

表 3-6 列示了 2010—2017 年企业固定资产投资净增加额的泰尔指数，泰尔指数值的大小表示解释变量的分布差距特征。如表 3-6 所示，企业固定资产投资净增加额的泰尔指数呈现先递增后逐渐减小的态势，表明企业固定资产投资净增加额的分布差距逐渐缩小。

表 3-6 2010—2017 年企业固定资产投资净增加额的泰尔指数

	2010 年	2011 年	2012 年	2013 年	2014 年	2015 年	2016 年	2017 年
固定资产投资净增加额的泰尔指数	2.489	1.591	3.074	3.993	3.109	1.546	1.328	0.894

第二节 税收优惠影响企业投资行为有效性的实证结果

立足于 2014 年固定资产加速折旧的实施，利用双重差分法（DID）对税收优惠政策影响企业投资行为的有效性进行实证检验，并对实证检验结果进行稳健性检验与异质性检验。

一、税收优惠影响企业投资行为有效性的实证检验

表 3-7 列示了税收优惠影响企业投资行为有效性的基准回归估计结果。如表 3-7 列（1）所示，在不考虑控制变量及个体、年份、行业等固定效应的基础上，交互项 Post×Treat 的系数显著为负；如表 3-7 列（2）所示，在考虑控制变量而不考虑固定效应的条件下，交互项 Post×Treat 的系数不显著；表 3-7 列（3）显示，在考虑个体固定效应、年份固定效应及控制变量的基础上，交互项 Post×Treat 的系数显著为正；如表 3-7 列（4）所示，进一步考虑行业固定效应时，回归系数依然保持不变。因此，综合以上分析可知，2014 年推出的固定资产加速折旧政策使试点企业相比于非试点企业的固定资产投资幅度上升了 0.213 个单位，且在 5%的置信水平上显著，表明企业加速折旧政策对于扩大企业投资具有正向积极作用。从各控制变量来看，资产负债率、大股东持股比例、净资产收益率对企业固定资产投资的影响均为正，表明上述变量取值越高，企业固定资产的投资规模越大；现金流与营业收入的回归系数亦为正，但不显著。

表 3-7　税收优惠影响企业投资行为有效性的基准回归估计结果

	（1）Invest	（2）Invest	（3）Invest	（4）Invest
Post × Treat	-0.068 8***	-0.018 5	0.213**	0.213**
	(0.022)	(0.011)	(0.087)	(0.087)
Assdebt		0.334*	0.398***	0.398***
		(0.182)	(0.147)	(0.147)
Cashflow		-0.018 0*	0.020 2	0.020 2
		(0.010)	(0.018)	(0.018)
Tophold		0.006 13***	0.011 1***	0.011 1***
		(0.002)	(0.003)	(0.003)
Business		-0.009 38	0.015 4	0.015 4
		(0.018)	(0.030)	(0.030)
ROE		0.177**	0.117**	0.117**
		(0.072)	(0.051)	(0.051)
_cons	0.127***	0.162	-1.507**	-1.507**
	(0.022)	(0.174)	(0.653)	(0.653)
个体效应	否	否	是	是
年份效应	否	否	是	是
行业效应	否	否	否	是
N	10 545	10 470	10 470	10 470
Adj. R^2	0.000	0.004	0.064	0.064

注：***、**、*分别表示系数在 1%、5%、和 10%的水平上显著；括号内为标准误。以下各表同。

二、税收优惠影响企业投资行为有效性的稳健性检验

本部分从平行趋势检验、调整政策颁布时间、营改增的影响、分位数回归等方面对税收优惠影响企业投资行为的有效性进行稳健性检验。

（一）平行趋势检验

基准回归结果表明固定资产加速折旧政策有效提升了企业的投资规模。但是，运用双重差分法进行回归估计的重要假设在于，如果没有固定资产加速折旧的外生政策冲击，不同组别企业的固定资产投资水平应保持一致。换言之，在外生冲

79

击发生之前，控制组和实验组除了固有差异外，没有结构差异，变化趋势是一致的。具体检验思路是：将传统双重差分法（DID）与事件研究方法相结合，对比在实验开始之前若干期处理效应变量，即交互项 Post×Treat 的系数与 0 是否存在显著差异，从而展现政策实施前后处理效应变化的动态效果。具体如图 3-1 所示。

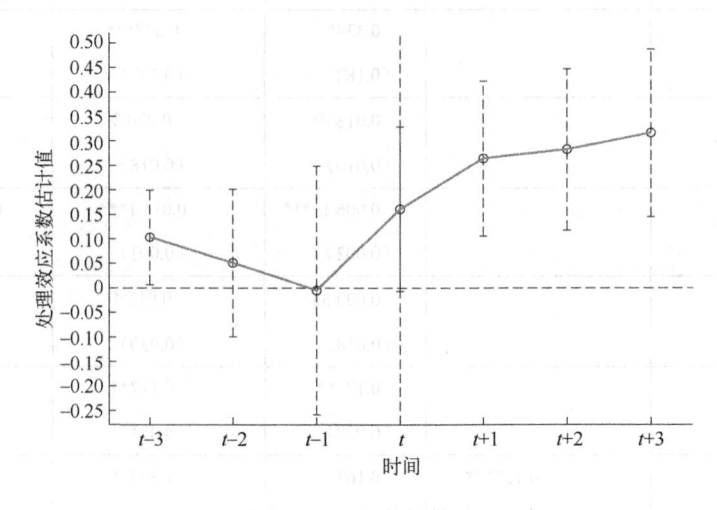

图 3-1　平行趋势检验

根据图 3-1，尽管政策实施前后处理效应的回归系数均大体为正，但固定资产加速折旧政策实施前处理效应的估计系数均不显著异于 0，政策发生后处理效应的回归系数显著异于 0。检验结果表明，固定资产加速折旧政策有效促进了企业投资水平的提高。

（二）安慰剂测试

参照刘行等（2018）的研究成果，[1]为验证本研究结果真实反映了加速折旧政策对企业投资的积极效应，而非单纯反映控制组和实验组投资行为的时间序列差异，此处将加速折旧政策的实施时间依次调整为 2011 年、2012 年和 2013 年，并与 2014 年实施加速折旧政策的估计结果进行对比。结果见表 3-8。

---

[1] 此处参照刘行等（2018）发表于《经济学（季刊）》的《〈加速折旧政策与企业投资——基于"准自然实验"的经验证据〉》进行安慰剂测试。在该文中，为排除加速折旧的政策效应仅反映了控制组和实验组投资行为的时间序列差异，作者按照现有样本的特征，重新构建新的样本区间，并对新样本期间的数据进行回归分析。

表 3-8 税收优惠影响企业投资行为有效性的安慰剂检验结果

	(1) $Invest_{2011}$	(2) $Invest_{2012}$	(3) $Invest_{2013}$	(4) $Invest_{2014}$
Post	-0.042 5	0.008 67	-0.022 0	-0.107**
	(0.056)	(0.047)	(0.054)	(0.054)
Treat	-0.089 6*	-0.038 1	-0.052 5	-0.089 7**
	(0.046)	(0.030)	(0.034)	(0.040)
Post × Treat	0.067 0	0.011 1	0.035 1	0.113*
	(0.054)	(0.042)	(0.050)	(0.060)
Tophold	0.006 14***	0.006 24***	0.006 24***	0.006 21***
	(0.002)	(0.002)	(0.002)	(0.002)
Cashflow	-0.017 2*	-0.018 6*	-0.018 3*	-0.016 3
	(0.010)	(0.010)	(0.010)	(0.010)
Assdebt	0.320*	0.329*	0.324*	0.309*
	(0.182)	(0.186)	(0.187)	(0.176)
ROE	0.173**	0.176**	0.173**	0.163**
	(0.072)	(0.074)	(0.075)	(0.068)
Business	-0.010 2	-0.010 2	-0.009 71	-0.008 36
	(0.019)	(0.019)	(0.020)	(0.018)
_cons	0.213	0.190	0.195	0.178
	(0.162)	(0.176)	(0.186)	(0.188)
N	10 470	10 271	10 271	10 271
Adj. R^2	0.003	0.003	0.003	0.004

如表 3-8 所示，当政策实施时间分别调整为 2011 年、2012 年、2013 年时，如列（1）、列（2）、列（3）所示，交互项 Post×Treat 的系数为正但均不显著。而当政策实施时间调整回 2014 年时，交互项 Post×Treat 的回归系数为正且显著。这进一步支持了本书的研究结论，表明固定资产加速折旧政策对扩大企业投资确实具有积极作用。

（三）考虑"营改增"的影响

由于自 2012 年以来，"营改增"在我国分地区分行业逐步推进，与本书所研究的固定资产加速折旧政策实施有所重合。因此，考虑到本书的研究结论可能会受到"营改增"政策实施的干扰,本书引入控制变量 VAT,其具体含义是:当企业在当年被纳入"营改增"试点范围时,VAT 取值为 1,否则为 0。报告的回归结果显示,交互项 Post×Treat 的回归系数为正且显著,说明本书的研究结论是稳健的。

(四)分位数回归

表 3-9 列示了税收优惠影响企业投资行为有效性的分位数回归结果。如表 3-9 列(3)、列(4)所示,交互项 Post×Treat 在 60%、80%的分位数上为正且高度显著,在其他分位数上的回归结果为正但不显著。

表 3-9 税收优惠影响企业投资行为有效性的分位数回归结果

	(1) $Invest_{20\%}$	(2) $Invest_{40\%}$	(3) $Invest_{60\%}$	(4) $Invest_{80\%}$	(5) Invest
Post	-0.001 26***	-0.002 14***	-0.005 66***	-0.017 9***	-0.107***
	(0.000)	(0.001)	(0.002)	(0.003)	(0.045)
Treat	0.003 67***	0.005 19***	0.003 15	0.004 82	-0.089 7
	(0.000)	(0.001)	(0.002)	(0.005)	(0.060)
Post×Treat	0.000 108	0.000 117	0.005 51**	0.020 0***	0.113
	(0.000)	(0.001)	(0.003)	(0.006)	(0.076)
Tophold	0.000 065 9***	0.000 176***	0.000 439***	0.001 18***	0.006 21***
	(0.000)	(0.000)	(0.000)	(0.000)	(0.001)
Cashflow	-0.000 884***	-0.003 45***	-0.007 22***	-0.013 1***	-0.016 3***
	(0.000)	(0.000)	(0.000)	(0.001)	(0.019)
Assdebt	-0.007 31***	-0.016 9***	-0.025 3***	0.009 21	0.309***
	(0.001)	(0.002)	(0.003)	(0.007)	(0.102)
ROE	0.000 437	-0.000 568	0.000 878	0.012 8**	0.163**
	(0.000)	(0.001)	(0.002)	(0.005)	(0.073)
Business	0.002 29***	0.005 74***	0.009 90***	0.013 9***	-0.008 36
	(0.000)	(0.000)	(0.001)	(0.001)	(0.019)
_cons	-0.028 9***	-0.043 8***	-0.046 4***	-0.017 4	0.178
	(0.002)	(0.004)	(0.009)	(0.020)	(0.277)
N	10 271	10 271	10 271	10 271	10 271

三、税收优惠影响企业投资行为有效性的异质性分析

此处将样本企业所属区域划分为东部（East）、中部（Middle）、西部（West）、东北（East north），从而对税收优惠影响企业投资行为的有效性进行异质性检验。回归结果如表 3-10 所示。

表 3-10 税收优惠影响企业投资行为有效性的分区域异质性检验

	（1） Invest $_{East}$	（2） Invest $_{Middle}$	（3） Invest $_{West}$	（4） Invest $_{East\ north}$
Post	-0.023 5 (0.047)	-0.302 (0.232)	-0.235** (0.104)	0.004 10 (0.119)
Treat	-0.017 1 (0.026)	-0.203 (0.147)	-0.206* (0.112)	-0.033 0 (0.058)
Post × Treat	0.021 2 (0.045)	0.322 (0.262)	0.222** (0.109)	0.032 9 (0.133)
Tophold	0.003 66*** (0.001)	0.015 0 (0.011)	0.009 47*** (0.003)	0.006 40** (0.003)
Cashflow	-0.022 9** (0.010)	0.095 0 (0.081)	-0.040 4 (0.026)	-0.053 6 (0.066)
Assdebt	0.148* (0.088)	1.216 -1.186	0.127 (0.200)	0.454** (0.191)
ROE	0.129* (0.071)	0.417 (0.421)	0.129 (0.086)	0.246 (0.169)
Business	0.008 51 (0.015)	-0.143 (0.136)	0.001 88 (0.017)	0.071 8 (0.051)
_cons	0.091 9 (0.241)	0.052 1 (0.392)	0.480 (0.403)	-0.908 (0.928)
N	6762	1531	1557	421
Adj. R^2	0.003	0.003	0.011	0.018

根据表 3-10，通过划分区域对固定资产加速折旧的投资激励效应进行分析后可知，东部、中部、西部、东北各区域企业的交互项 Post×Treat 的系数均为正，但仅有西部地区企业的回归系数显著。上述分析表明，固定资产加速折旧政策在推动西部地区企业扩大投资规模方面效果更为明显。

第三节　实证分析主要结论及问题分析

前文以 2014 年固定资产加速折旧新政为外生政策冲击,对税收优惠政策影响企业投资行为的有效性进行了实证检验。本书基于 2010—2017 年沪深 A 股上市公司的财务数据,利用双重差分（DID）的因果识别方法构建实证模型,在较大程度上避免了内生性问题的干扰,也能够更加准确地估计出政策效应。根据实证回归的分析结果,可得到如下研究结论:

第一,总体而言,固定资产加速折旧政策对于扩大企业投资规模具有显著的促进作用。而分区域来看,固定资产加速折旧优惠政策对西部地区企业扩大投资规模更为有效。

第二,通过平行趋势检验、变换政策实施的时间、考虑营改增的影响等一系列稳健性检验后可知,固定资产加速折旧政策有效促进企业投资的研究结果依然成立,说明本书的研究结果是可靠的。

第三,从基准回归结果各控制变量的估计结果来看,资产负债率、大股东持股比例、净资产收益率对企业固定资产投资的影响均为正,表明上述变量取值越高,企业固定资产的投资规模越大;现金流与营业收入的回归系数亦为正,但不显著。

本书的研究结论为税收优惠影响企业投资行为有效性提供了经验证据,其内涵是:2014 年起实施的固定资产加速折旧政策对于降低企业投资成本、提升企业投资意愿具有正向积极作用,是在我国经济发展新常态下,促进企业投资结构转型升级及技术改造、推进供给侧结构性改革与经济高质量发展的重要内容。但存在的问题是,税收优惠政策的制定与实施应更倾向于普惠性与实质性,为各类型市场主体构建公平、有序、便捷的市场环境与营商环境,从而尽可能避免差异化税收优惠政策所带来的政策扭曲效应,进一步提升税收优惠政策的有效性,释放各类型企业的投资活力。

第四章

税收优惠影响企业创新行为有效性的实证分析

创新是一个民族进步的灵魂,是一个国家兴旺发达的不竭动力。当前,面对全球百年未有之大变局,以创新驱动发展成为经济新常态下转变经济发展方式、提高经济增长质量与效益的根本途径。企业是技术创新的活跃主体,但是,研发创新活动本身具有周期长、高风险性、创新成果的正向外溢性以及投资回报的不确定性,导致私人的创新投入往往低于社会最优水平,研发费用加计扣除政策则是激励企业研发创新的重要优惠举措。该政策自 1996 年正式出台以来,享受主体逐步扩大,政策内容逐步系统化和体系化,研发费用加计扣除的范围渐次扩大且核算申报程序不断简化,而其影响企业创新行为的有效性也得到学术界的普遍关注。为实证检验税收优惠影响企业创新行为的有效性,以 2015 年 11 月研发费用加计扣除政策扩大适用主体范围为准进行自然实验,基于 PSM-DID 的因果识别方法展开研究。

第一节 税收优惠影响企业创新行为有效性的分析框架

围绕税收优惠影响企业创新行为有效性的分析框架,首先梳理自 1996 年以来研发费用加计扣除政策的制度背景与历史沿革,进而提出税收优惠影响企业创新行为有效性的研究假说。而后,依据 2015 年研发费用加计扣除政策扩围的准自然实验和 PSM-DID 因果识别方法,构建实证分析模型并进行变量选择,最后对样本数据来源及描述性统计特征进行介绍。

一、制度背景与研究假说

研发费用加计扣除优惠政策的节税原理是，将新技术、新产品、新工艺发生的研究开发费用进行税前扣除时，在实际发生额的基础上再加成一定比例作为计算应纳税所得额时的实际扣除金额，由此降低应纳税所得额及应纳税额，从而激励企业加大研发投入，支持科技创新。自 1996 年颁布《财政部 国家税务总局关于促进企业技术进步有关财务税收问题的通知》（财工字〔1996〕41 号）以来，研发费用加计扣除税收优惠政策的享受主体不断扩围，优惠力度渐次加码，申报程序逐步简化，呈现出实质性、普惠性的降本减负特征。主要表现在：第一，自 2013 年起将研发费用加计扣除政策的适用范围由试点地区推广至全国〔《财政部 国家税务总局关于研究开发费用税前加计扣除有关政策问题的通知》（财税〔2013〕70 号）〕；第二，自 2015 年起采用负面清单方式放宽研发活动的范围，并进一步扩大可加计扣除研发费用的范围〔《关于完善研究开发费用税前加计扣除政策的通知》（财税〔2015〕119 号）〕；第三，自 2017 年起将科技型中小企业享受研发费用加计扣除比例由 50%提高到 75%〔《财政部、国家税务总局、科技部关于提高科技型中小企业研究开发费用税前加计扣除比例的通知》（财税〔2017〕34 号）〕，2018 年该政策适用范围由中小型科技企业扩大至所有行业企业〔《财政部、国家税务总局、科技部关于提高研究开发费用税前加计扣除比例的通知》（财税〔2018〕99 号）〕；第四，2021 年《政府工作报告》中指出，将制造业企业研发费用加计扣除比例提高至 100%。

由此可见，研发费用加计扣除政策优惠力度持续加码，普惠性、实质性特征愈加鲜明，有利于充分发挥税收优惠政策的激励引导作用，是强化企业创新主体地位、促进科技创新与实体经济深度融合的重要手段，亦契合了我国以制造业创新引领国民经济高质量发展的战略目标，助力制造业企业依托工业互联网、5G、大数据、人工智能等前沿技术实现产业转型升级和科技创新水平的进一步提升。

从实现方式来看，当前以扩围与降负为主要特征的研发费用加计扣除税收优惠政策设计，立足于我国新一轮实质性、普惠性减税降费的核心落脚点，即通过"简税"实现"减税"，从而使税制安排更加规范、简明和公平，使征管程序更加省时、经济、便捷，同时，为各类型市场主体营造公平有序的市场环境，并充分释放改革红利，切实增强企业的获得感。

由此，本书提出研究假设 H1：

以扩围与降负为主要特征的研发费用加计扣除税收优惠政策，有利于提升企业的研发投入与创新绩效

制度环境是企业从事研发创新活动不可忽视的外部条件。公平有序的市场竞争环境，有利于生产要素自由流动，有效保护私有产权，降低市场主体从事研发创新活动的制度性交易成本，从而提升企业研发创新活动的预期收益与税后利润。而实质性、普惠性税收优惠政策的实施，有利于构建规范化、法治化的市场环境，平等对待所有类型的市场主体，公平公正开展执法，减少部分市场交易主体的机会主义行为，以及避免税收优惠政策过多、过滥对税基的侵蚀及市场秩序的破坏，从而更有利于降低企业为开展研发创新活动所需资源的成本提升研发产品的转化收益，对提升企业创新行为的积极效应更为有效（林木西等，2018）。

由此，本书提出研究假设 H2：

制度环境是影响企业研发绩效的重要外部因素，以研发费用加计扣除为代表的普惠性税收优惠政策的实施，对于提升制度环境较差地区企业的创新研发能力更为有效

二、模型设定及变量选择

为实证检验税收优惠政策影响企业创新行为的有效性，本书借鉴王玺、刘萌（2020）的研究，利用 2016 年更具实质性、普惠性特征的研发费用加计扣除改革为准自然实验，构建双重差分（DID）实证分析模型进行政策效应评估。但考虑到企业之间的初始条件不同，即存在的异质性可能导致的样本选择偏差问题，在进行回归分析之前，首先利用倾向得分匹配方法（PSM）来提升对照组与处理组之间的可比性，改善模型设定的内生性问题。

倾向得分匹配的方程设定如下：

$$\text{Treat}_i = \alpha_0 + \alpha_1 \text{Controls}_i + \varepsilon_i \tag{4-1}$$

该模型为二元虚拟变量的回归模型。其中，被解释变量 Treat_i 是在以企业主要个体特征为解释变量情况下所估计出的倾向得分值，表示企业是否享受研发费用加计扣除税收优惠政策。控制变量 Controls_i 包括净资产收益率（ROE）、大股东持股比例（TenHolder）、托宾 Q 值（Tobin Q）、无形资产（IntAss）、总资产（TotAss）。在此基础上，依据上文计算出的倾向得分值为处理组企业匹配得分最为接近的对照组企业，从而得知进入 DID 双重差分模型的对照组与处理组企业，在创新行为方面的差异是否受到研发费用加计扣除政策的影响。

双重差分模型（DID）设定如下：

$$\text{Innovate}_{i,t} = \beta_0 + \beta_1 \text{Treat}_{i,t} \times \text{Period}_{i,t} + \beta_2 \text{Controls}_{i,t} + \text{Industry}_i + \text{Year}_t + \mu_{i,t}$$

(4-2)

其中，$\text{Innovate}_{i,t}$ 为被解释变量，表示企业的研发支出，用于衡量企业的创新行为；$\text{Treat}_{i,t}$ 表示处理组虚拟变量，若企业在 2016 年之前未享受研发费用加计扣除的税收优惠政策，之后才获得享受资格则列为处理组，此时，$\text{Treat}_{i,t}=1$，反之，若企业在 2016 年之前已享受研发费用加计扣除的优惠，且之后依然享用则值为 0[1]；$\text{Period}_{i,t}$ 表示处理期虚拟变量，以 2016 年为实质性、普惠性研发费用加计扣除税收优惠政策的实施时间，若 t 为 2016 及其之后的年份，则 $\text{Period}_{i,t}=1$，反之则为 0；$\text{Period}_{i,t} \times \text{Treat}_{i,t}$ 为本书的核心解释变量，其估计系数 β_1 则反映了本书关注的政策处理效应，即税收优惠影响企业创新行为的有效性；与上文类似，控制变量 $\text{Contronls}_{i,t}$ 包括净资产收益率（ROE）、大股东持股比例（TenHolder）、托宾 Q 值（Tobin Q）、无形资产（IntAss）、总资产（TotAss）；Industry_i 表示行业固定效应；Year_t 表示时间固定效应；$\mu_{i,t}$ 表示随机误差项。为降低数据波动性对回归结果的干扰，此处对重要变量如研发支出（Innovate）、无形资产（IntAss）、总资产（TotAss）进行取对数处理。各变量含义及计算说明具体参见表 4-1。

表 4-1　变量名称及含义

符号	变量名	变量含义
Innovate	研发支出	企业的研发投入金额取对数
Period	处理期虚拟变量	样本区间在 2013 至 2015 年时该值取 0；样本区间在 2016 至 2018 年时该值取 1
Treat	处理组虚拟变量	若企业在 2016 年之前未享受研发费用加计扣除的税收优惠政策则该值取 1；否则该值取 0
ROE	净资产收益率	净利润/股东权益平均余额；股东权益平均余额=（股东权益期末余额+股东权益期初余额）/2
TenHolder	大股东持股比例	前十名股东持股比例之和

---

[1] 需要说明的是，此处参照了王玺和刘萌（2020）在《财政研究》上发表的《研发费用加计扣除政策对企业绩效的影响研究——基于我国上市公司的实证分析》一文对处理组划分的标准。其依据是，承本章前文对研发费用加计扣除政策变迁的梳理可知，我国自 2013 年起将研发费用加计扣除的试点范围推广至全国，而此处所选取的政策冲击，是在此基础上，进一步扩大政策适用的行业主体范围。而这一普惠性的税收优惠政策扩围，自 2016 年起实施，因此，本书选取的样本区间为 2013 年至 2018 年。

续表

符号	变量名	变量含义
Tobin Q	托宾 Q 值	市值 A/资产总计；股权市值+净债务市值，其中：非流通股权市值用净资产代替计算
IntAss	无形资产	企业所持有的无形资产总额取对数
TotAss	总资产	企业所持有的总资产额取对数
Mkt	市场化指数	依据王小鲁、樊纲等的《市场化指数报告》对各地区市场环境进行测度

三、样本数据来源与描述性统计

本书的研究样本为沪深 A 股上市公司，样本区间为 2013 年—2018 年，数据来源为国泰安（CSMAR）数据库。为保证样本选取的科学性与质量，我们对数据进行如下筛选和说明：第一，剔除样本期内处于 ST 及*ST 的企业；第二，由于金融企业所适用的会计准则与一般企业相比较为特殊，部分指标不具有可比性，因此将金融类企业从研究样本中予以剔除；第三，依据财税〔2015〕119 号，剔除不适用于研发费用加计扣除政策的六大行业，主要是指烟草制造业、住宿和餐饮业、批发和零售业、房地产业、租赁和商务服务业以及娱乐业，与证监会公布的《上市公司行业分类指引》（2012 年修订版）相对应，上述行业所对应的代码分别是 C16、H、F、K、L 以及 R89。此处需要说明的是，为确定企业是否享受研发费用加计扣除政策，以及企业享受研发费用加计扣除政策的具体时间，本书依据国泰安（CSMAR）数据库中提供的企业资质及相关信息，以企业初次被认定为高新技术企业的年份作为企业是否进入处理组，即企业是否享受研发费用加计扣除政策的衡量指标。具体而言，若企业在 2016 年之后即才被认定为高新技术企业则进入处理组，反之则进入对照组。❶

进一步地，对原始数据进行清理及整合的流程大体如下：剔除简单重复的观测值；剔除错误共享 ID 的观测值；利用非参数方法对各变量缺失值进行弥补；对各连续变量在 1%和 99%处进行 winsorize 缩尾处理，从而降低异常值对回归结果的影响。经过上述程序后，最终得到 2013—2018 年共 879 4 个样本观测值。企

---

❶ 与前文类似，依据王玺和刘萌（2020）的研究成果，以及李新等（2019）在《宏观经济研究》上发表的论文《研发费用加计扣除政策对企业研发投入的影响研究——来自中国上市公司的证据》，2016 年以前适用研发费用加计扣除政策的企业活动应属于《国家重点支持的高新技术领域》《当前优先发展的高技术产业化重点领域指南》。因此，本书通过国泰安数据库中企业相关资质的认定情况，识别企业在样本区间内是否享受研发费用的加计扣除优惠政策。

业样本数量具体见表 4-2。

表 4-2 税收优惠政策影响企业创新行为有效性实证分析的企业样本数量　　　单位：个

	2013 年	2014 年	2015 年	2016 年	2017 年	2018 年	总计
企业样本数量	1213	1256	1380	1501	1678	1766	8794

表 4-3 列示了主要变量的描述性统计结果。如表 4-3 所示，企业研发支出对数的平均数、中位数、标准差分别为 18.037、17.975 以及 1.327；企业净资产收益率的平均数与中位数也较为接近，分别为 0.071 与 0.073，标准差相对较小，为 0.142，最小值和最大值分别为-4.320 和 1.726；大股东持股比例的平均数、中位数、标准差分别为 58.693、59.505 以及 14.299；托宾 Q 值的平均数、中位数、标准差分别为 2.246、1.811、1.526，最小值和最大值分别为 0.153 和 27.338；无形资产总额的对数值平均数、中位数、最小值、最大值分别为 18.614、18.603、1.684、0 和 25.674；企业总资产对数的平均数、中位数、标准差分别为 22.063、21.906 和 1.194，最小值和最大值分别为 19.156 和 27.572；市场化指数的平均数、中位数、标准差分别为 8.439、9.140 和 1.533，最小值和最大值分别为-0.23 和 10。总体来看，各变量取值大体具有平稳性的特点。

表 4-3 主要变量描述性统计

变量名	观测值/个	平均数	中位数	标准差	最小值	最大值
企业研发支出对数	8794	18.037	17.975	1.327	—	—
企业净资产收益率	8794	0.071	0.073	0.142	-4.320	1.726
大股东持股比例	8794	58.693	59.505	14.299	—	—
托宾 Q 值	8794	2.246	1.811	1.526	0.153	27.338
无形资产总额对数	8794	18.614	18.603	1.684	0	25.674
企业总资产	8794	22.063	21.906	1.194	19.156	27.572
市场化指数	8794	8.439	9.140	1.533	-0.23	10

表 4-4 列示了 2013—2018 年企业研发支出对数均值的分区域描述性统计。由表 4-4 可知，各区域的企业研发支出对数的均值均呈现逐渐上升的趋势，但东北地区相较而言增长略微缓慢。

表4-4　2013—2018年企业研发支出对数均值的分区域描述性统计分析

区域	2013年	2014年	2015年	2016年	2017年	2018年
东部	17.767	17.924	18.001	18.115	18.229	18.393
中部	17.741	17.813	17.955	18.021	18.221	18.364
西部	17.391	17.437	17.639	17.721	17.917	18.114
东北	17.549	17.551	17.467	17.609	17.729	17.837

表4-5列示了2013—2018年企业研发支出对数均值的分行业描述性统计。如表4-5所示，2013—2018年各行业研发支出对数的均值均大体呈现逐年增长的态势，但相较而言采矿业、制造业、建筑业、批发和零售业、信息传输、软件和信息技术服务业、水利、环境和公共设施管理业的研发支出相对较高；而电力、热力、燃气及水生产和供应业的研发支出相对较低，且增长略微缓慢。

表4-5　2013—2018年企业研发支出对数均值的分行业描述性统计分析

行业	2013年	2014年	2015年	2016年	2017年	2018年
农、林、牧、渔业	16.505	16.575	16.597	17.006	17.438	17.864
采矿业	18.022	18.251	18.181	18.248	18.358	18.658
制造业	17.750	17.833	17.930	18.043	18.169	18.353
电力、热力、燃气及水生产和供应业	16.173	16.539	16.642	16.607	16.877	16.593
建筑业	17.897	18.746	18.631	18.449	18.891	19.034
批发和零售业	16.530	16.777	18.204	18.155	18.110	19.697
交通运输、仓储和邮政业	16.648	17.157	17.182	17.327	17.798	17.615
信息传输、软件和信息技术服务业	17.961	18.031	18.271	18.440	18.461	18.579
房地产业	17.522	15.994	17.292	16.156	16.783	17.653
租赁和商务服务业	—	—	15.046	15.845	19.182	17.538
科学研究和技术服务业	17.254	17.382	17.455	17.398	17.467	17.925
水利、环境和公共设施管理业	17.480	17.489	17.585	17.729	17.930	18.026
教育	15.665	17.283	16.817	16.912	17.015	17.536
卫生和社会工作	16.275	16.674	17.339	16.982	17.600	17.416
文化、体育和娱乐业	16.347	17.367	17.358	17.644	17.741	17.561
综合	16.565	17.018	17.008	17.239	17.557	17.862

第二节　税收优惠影响企业创新行为有效性的实证结果

立足于 2016 年普惠性、实质性研发费用加计扣除政策的实施,利用倾向得分匹配-双重差分法(PSM-DID)方法对税收优惠影响企业创新行为的有效性进行实证检验,并对实证检验结果进行稳健性检验与异质性分析。

一、税收优惠影响企业创新行为有效性的实证检验

本部分首先对处理组与控制组的样本企业进行倾向得分匹配,进而通过双重差分的方法对研发费用加计扣除的政策效应进行回归估计。

(一)PSM 匹配结果分析

首先,本书将企业是否受到研发费用加计扣除政策影响的虚拟变量对企业个体特征的控制变量进行回归得到倾向得分值,进而采用倾向得分匹配中的近邻匹配方法对处理组与对照组的样本进行匹配。PSM 匹配前后的处理组、对照组均值、偏差、偏差减幅、T 统计量及 P 值等样本特征具体见表 4-6。

由表 4-6 可知,基本上所有反映企业个体特征的控制变量,包括无形资产、托宾 Q 值、大股东持股比例、净资产收益率、总资产等,在匹配后不再存在处理组与对照组的显著差异,具体表现在:匹配后对照组与处理组的均值更加趋于一致;匹配前后的样本偏差明显缩小;偏差减幅均大于 90%。上述特征初步证明本书所采用的 PSM-DID 方法具有合理性。

表 4-6　PSM 匹配前后样本特征对比

变量	样本	平均值 处理组	平均值 对照组	偏差	偏差减幅	T 检验 T 值	T 检验 P 值
无形资产	匹配前	17.994	18.673	-38.6		-10.74	0.000
	匹配后	17.994	17.984	0.6	98.5	0.10	0.917
托宾 Q 值	匹配前	2.152	2.255	-7.2		-1.8	0.072
	匹配后	2.152	2.157	-0.4	94.9	-0.08	0.933
大股东持股比例	匹配前	65.559	58.035	56.1		14.090	0
	匹配后	65.559	65.622	-0.5	99.2	-0.1	0.924

续表

变量	样本	平均值 处理组	平均值 对照组	偏差	偏差减幅	T检验 T值	T检验 P值
净资产收益率	匹配前	0.093	0.069	17.2		4.430	0.000
	匹配后	0.093	0.091	1.5	91.3	0.300	0.763
总资产	匹配前	21.621	22.105	-43.6		-10.80	0.000
	匹配后	21.621	21.619	0.2	99.6	0.03	0.973

图 4-1 列示了匹配前后的倾向得分密度。由该图可知，匹配后处理组和对照组倾向得分值的概率密度已较为接近。图 4-2 展示了倾向得分匹配的平衡性检验及共同取值范围。由该图可知，处理组与对照组的样本基本落在共同取值范围内，且倾向得分匹配满足了平衡性假设，说明本书采用的 PSM-DID 匹配方法具有合理之处。

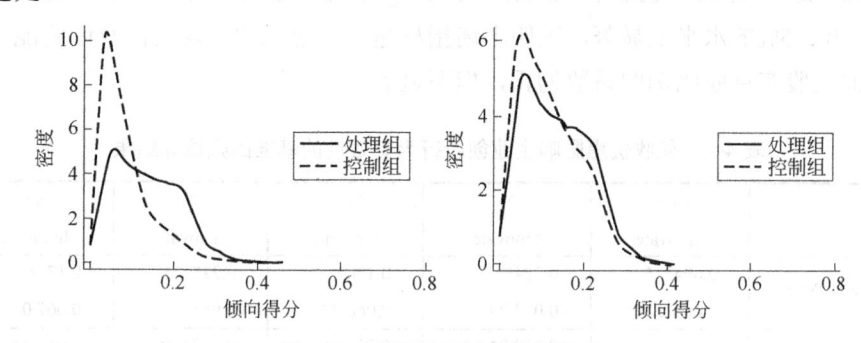

图 4-1　匹配前后倾向得分密度

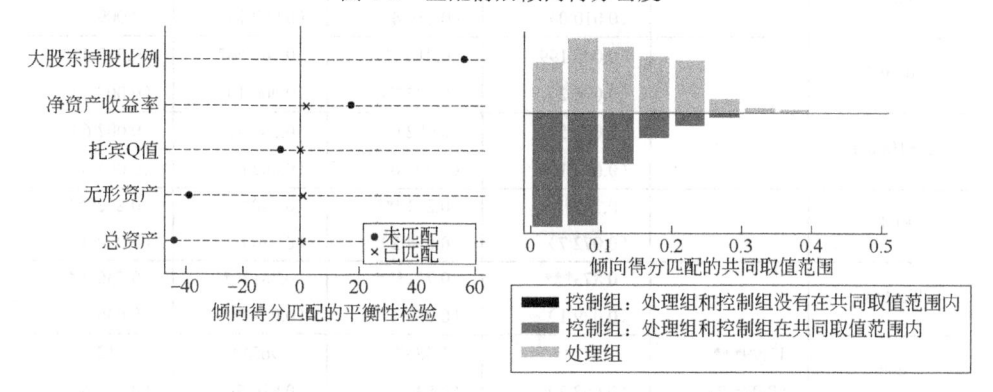

图 4-2　倾向得分匹配的平衡性检验及共同取值范围

（二）基准回归估计结果

表 4-7 列示了税收优惠影响企业创新行为有效性的基准回归估计结果。综括

来看，加入控制变量以及考虑行业固定效应、年份固定效应等并未使核心解释变量的系数、符号及显著性水平发生明显改变，表明模型回归结果整体是可靠的。由表4-7列（1）可知，在完全不考虑控制变量及年份、行业等固定效应的基础上，交互项Post×Treat的系数为0.694，在1%的水平上显著为正，表明研发费用加计扣除政策能够使企业研发支出提升69.4%，本书的假设1得到验证。由表4-7列（2）可知，考虑控制变量后交互项Post×Treat的系数下降为0.224，但符号依然为正，且在1%的水平上显著，表明研发费用加计扣除政策能够使企业研发支出提升22.4%，回归结果是大体可靠的。如表4-7列（3）、列（4）、列（5）所示，在考虑控制变量的基础上，分别加入年份固定效应、行业固定效应，交互项Post×Treat的系数、正负号方向、显著性水平基本保持不变，表明普惠性的研发费用加计扣除政策确实能够提高企业的研发支出水平与创新能力。而从各控制变量的系数来看，无形资产、净资产收益率、总资产、托宾Q值等的系数均为正，且分别在10%、1%、1%、5%的水平上显著，表明上述指标越高，企业的研发支出及创新能力越强。而大股东持股比例的系数为正，但不显著。

表4-7 税收优惠影响企业创新行为有效性的基准回归估计结果

	（1）Innovate	（2）Innovate	（3）Innovate	（4）Innovate	（5）Innovate
Post×Treat	0.694***	0.224***	0.170**	0.227***	0.174***
	(0.081 2)	(0.064 7)	(0.066 4)	(0.065 5)	(0.067 0)
IntAss		0.019 2*	0.017 6*	0.018 8**	0.017 3*
		(0.010 0)	(0.010 4)	(0.009 1)	(0.009 5)
Tobin Q		−0.000 199	0.016 9**	0.000 642	0.017 4**
		(0.006 2)	(0.007 7)	(0.006 1)	(0.007 6)
TenHolder		−0.001 57	0.002 07	−0.000 851	0.002 69
		(0.002 1)	(0.002 0)	(0.002 0)	(0.002 0)
ROE		0.147**	0.221***	0.140**	0.212***
		(0.072 7)	(0.074 2)	(0.070 6)	(0.072 4)
TotAss		0.873***	0.721***	0.881***	0.730***
		(0.029 1)	(0.039 4)	(0.027 2)	(0.036 9)
_cons	17.99***	−1.511**	1.485*	−1.965**	1.112
	(0.005 2)	(0.652 2)	(0.836 3)	(0.816 5)	(0.942 6)
年份效应	否	否	是	否	是
行业效应	否	否	否	是	是
N	8784	8784	8784	8784	8784
adj.R^2	0.020 6	0.396 1	0.417 5	0.409 0	0.429 6

二、税收优惠影响企业创新行为有效性的异质性分析

本部分从企业规模、所有权性质、企业所在区域、企业所处市场环境等视角出发，对税收优惠影响企业创新行为的有效性进行异质性分析。

表 4-8 列示了税收优惠影响企业创新行为有效性的企业规模异质性分析。依据企业总资产的四分位数将全部样本分为四组，用以比较在不同企业规模内部税收优惠影响企业创新行为的有效性。如表 4-8 所示，交互项 Post×Treat 的系数均为正，但仅在资产总额位于第三分位数的区间内于 10% 的水平上显著，此时系数为 0.218。而当企业资产规模位于第一、第二、第四分位数的区间内时，交互项 Post×Treat 的系数分别为 0.057 3、0.094 1 以及 0.164。换言之，尽管在各组别内部研发费用加计扣除政策的实施均能够对企业创新产生正向影响，但仅在大中型企业的组别内显著。

表 4-8 税收优惠影响企业创新行为有效性的企业规模异质性分析

	（1）	（2）	（3）	（4）
	$Innovate_{25\%}$	$Innovate_{50\%}$	$Innovate_{75\%}$	$Innovate_{100\%}$
Post × Treat	0.057 3	0.094 1	0.218*	0.164
	(0.074 3)	(0.105 1)	(0.113 9)	(0.158 3)
IntAss	0.024 7*	0.057 6***	0.019 3	−0.003 40
	(0.012 9)	(0.017 2)	(0.023 3)	(0.021 5)
Tobin Q	0.012 2	−0.006 14	0.029 8	0.062 9
	(0.008 4)	(0.010 2)	(0.021 1)	(0.042 8)
TenHolder	0.001 74	−0.000 143	0.003 70	0.000 667
	(0.002 3)	(0.002 1)	(0.002 5)	(0.003 1)
ROE	0.238**	−0.291***	0.266**	0.371***
	(0.092 9)	(0.099 1)	(0.109 6)	(0.113 8)
TotAss	0.739***	0.969***	0.764***	0.809***
	(0.059 5)	(0.066 5)	(0.083 6)	(0.073 8)
_cons	1.601	−4.256***	0.896	−2.866
	(−12.548)	(−14.332)	(−18.371)	(−18.974)
年份效应	是	是	是	是
行业效应	是	是	是	是
N	2105	2333	2307	2039
adj.R^2	−0.207 4	−0.334 2	−0.148 4	0.047 6

进一步地，对税收优惠影响企业创新行为的区域异质性进行分析。依据企业注册地将样本分为东部（East）、中部（Middle）、西部（West）三个组别，用以比较研发费用加计扣除政策在不同区域推动企业创新的有效性。如表 4-9 所示，交互项 Post×Treat 的系数在东、中、西各区域组别内均为正，系数分别为 0.031 1、0.289、0.528，表明研发费用加计扣除政策能够分别对东、中、西部企业的研发费用支出提高 3.11%、28.9%以及 52.8%。但交互项 Post×Treat 的系数在东部区域组别内不显著，在中部与西部组别内于 1%的水平上高度显著。表明研发费用加计扣除政策对中西部企业研发能力及创新行为的积极作用更为明显。

表 4-9 税收优惠影响企业创新行为有效性的区域异质性分析

	(1) Innovate $_{East}$	(2) Innovate $_{Middle}$	(3) Innovate $_{West}$
Post × Treat	0.031 1	0.289***	0.528***
	(0.053 2)	(0.101 8)	(0.192 3)
IntAss	0.015 5*	0.036 8	-0.005 91
	(0.008 6)	(0.023 3)	(0.032 6)
Tobin Q	0.026 4***	-0.038 2**	0.020 3
	(0.007 0)	(0.018 2)	(0.030 4)
TenHolder	0.000 861	0.001 22	0.003 04
	(0.001 1)	(0.002 6)	(0.004 3)
ROE	0.220***	0.242*	0.180
	(0.054 9)	(0.142 1)	(0.167 2)
TotAss	0.704***	0.768***	0.694***
	(0.023 0)	(0.059 5)	(0.089 4)
_cons	2.395***	-0.445	-0.855
	(0.576 6)	(1.224 1)	(2.065 9)
年份效应	是	是	是
行业效应	是	是	是
N	6284	1268	863
adj.R^2	0.326 1	0.328 9	0.138 7

表 4-10 列示了税收优惠影响企业创新行为有效性的所有权性质异质性分析。依据企业的所有权性质，将样本区分为国有企业（State）、民营企业（Private）

及外资企业（Foreign）三类，分别对税收优惠影响企业创新行为的有效性进行实证检验。如表 4-10 所示，研发费用加计扣除政策的实施，使各类型企业的研发创新能力均有所提升，交互项 Post×Treat 的系数均为正，国有企业、民营企业与外资企业组别内部的系数分别为 0.392、0.109 和 0.223，分别在 1%、5% 和 10% 的水平上显著。表明研发费用加计扣除政策确实能够对企业的创新行为产生促进作用，且对国有企业的正向影响最大，外资企业次之，民营企业相对最低。

表 4-10 税收优惠影响企业创新行为有效性的所有权性质异质性分析

	（1） Innovate$_{State}$	（2） Innovate$_{Private}$	（3） Innovate$_{Foreign}$
Post × Treat	0.392***	0.109**	0.223*
	(0.115 8)	(0.047 1)	(0.134 4)
IntAss	−0.000 885	0.019 6*	0.133**
	(0.013 7)	(0.010 4)	(0.067 1)
Tobin Q	0.004 01	0.023 7***	0.045 4**
	(0.018 6)	(0.006 5)	(0.022 7)
TenHolder	−0.001 62	0.000 090 5	0.001 24
	(0.002 4)	(0.001 1)	(0.005 0)
ROE	0.110	0.257***	−0.331
	(0.097 1)	(0.055 7)	(0.338 8)
TotAss	0.765***	0.735***	0.529***
	(0.055 0)	(0.023 0)	(0.147 2)
_cons	0.663	0.733	3.569
	(−13.762)	(0.572 1)	(−26.782)
年份效应	是	是	是
行业效应	是	是	是
N	2442	5967	292
adj.R^2	0.121 9	0.390 0	0.497 8

表 4-11 是对税收优惠影响企业创新行为的有效性进行市场环境的异质性分析。依据樊纲、王小鲁等的《市场化指数报告》(2008—2019)，依据平均数将企

业所在地的市场化指数划分为高（highmkt）、低（lowmkt）两组，作为企业所面临的市场环境衡量指标。分组回归结果显示：无论对于市场化指数较高的地区，还是对于市场化指数较低的地区，交互项 Post×Treat 的系数均为正，系数取值分别为 0.282 和 0.039 1。但交互项 Post×Treat 的系数在市场化指数较低的地区于 1% 的水平上高度显著，在市场化指数较高的地区不显著，表明普惠式、实质性的研发费用加计扣除政策对市场环境较差地区的促进作用更为明显，使企业的研发费用支出提升 28.2%。假设 H2 得到验证。

表 4-11 税收优惠影响企业创新行为有效性的市场环境异质性分析

	（1） Innovate $_{lowmkt}$	（2） Innovate $_{highmkt}$
Post × Treat	0.282***	0.039 1
	(0.071 2)	(0.059 0)
IntAss	0.014 6	0.015 1
	(0.012 7)	(0.012 5)
Tobin Q	0.002 80	0.027 0***
	(0.010 7)	(0.008 4)
TenHolder	0.003 88**	0.001 18
	(0.001 5)	(0.001 5)
ROE	0.261***	0.146**
	(0.071 8)	(0.067 9)
TotAss	0.735***	0.747***
	(0.032 9)	(0.029 7)
_cons	0.351	1.141
	(0.820 5)	(0.774 8)
年份效应	是	是
行业效应	是	是
N	4365	4260
adj.R^2	0.193 8	0.265 6

三、税收优惠影响企业创新行为有效性的稳健性检验

为验证本研究结果真实反映了研发费用加计扣除政策对企业创新行为的积极效应，本部分对回归结果进行稳健性检验。主要途径有二：第一，依据反事实检

验的思想,将普惠性研发费用加计扣除政策的实施时间依次调整为2014年、2015年,并与2016年实施普惠性研发费用加计扣除政策的估计结果进行对比。结果如表4-12列(1)、列(2)、列(3)所示。

由表4-12可知,当政策实施时间调整为2014年、2015年时,交互项Post×Treat的系数为正但均不显著。而当政策实施时间调整回2016年时,交互项Post×Treat的回归系数为正且显著。这进一步支持了本书的研究结论,表明普惠性研发费用加计扣除政策对提高企业的研发创新支出确实具有积极效果。

第二,本书借鉴刘行等(2019)的研究成果,剔除"营改增"对研发费用加计扣除的研发创新效应的干扰。由于自2012年以来,"营改增"在我国分地区分行业逐步推进,与本书所研究的普惠性研发费用加计扣除政策实施有所重合。因此,考虑到本书的研究结论可能会受到"营改增"政策实施的干扰,本书引入控制变量VAT,其具体含义是:当企业在当年被纳入"营改增"试点范围时,VAT取值为1,否则为0。回归结果如表4-12列(4)所示。由此可知,交互项Post×Treat的回归系数为正且显著,说明本书的研究结论是稳健的。

表4-12 税收优惠影响企业创新行为有效性的稳健性检验

	(1) $Innovate_{2014}$	(2) $Innovate_{2015}$	(3) $Innovate_{2016}$	(4) $Innovate_{VAT}$
Post × Treat	0.101	0.0810	0.174***	0.173***
	(0.0727)	(0.0538)	(0.0453)	(0.0453)
IntAss	0.0191**	0.0187**	0.0173**	0.0173**
	(0.0080)	(0.0080)	(0.0080)	(0.0080)
Tobin Q	0.0184***	0.0182***	0.0174***	0.0176***
	(0.0065)	(0.0065)	(0.0065)	(0.0065)
TenHolder	0.00257**	0.00258***	0.00269***	0.00270***
	(0.0010)	(0.0010)	(0.0010)	(0.0010)
ROE	0.209***	0.210***	0.212***	0.213***
	(0.0485)	(0.0485)	(0.0485)	(0.0485)
TotAss	0.732***	0.731***	0.730***	0.730***
	(0.0209)	(0.0209)	(0.0209)	(0.0209)
VAT				−0.105
				(0.0973)

续表

	(1) Innovate$_{2014}$	(2) Innovate$_{2015}$	(3) Innovate$_{2016}$	(4) Innovate$_{VAT}$
_cons	1.055**	1.067**	1.112**	1.105**
	(0.524 5)	(0.524 4)	(0.524 1)	(0.524 1)
年份效应	是	是	是	是
行业效应	是	是	是	是
N	8784	8784	8784	8784
adj.R^2	0.277 6	0.277 6	0.278 9	0.279 0

第三节 实证分析主要结论及问题分析

以 2016 年更具普惠式、实质性的研发费用加计扣除政策改革作为外生冲击，对税收优惠政策影响企业创新行为的有效性进行实证检验。本书基于国泰安（CSMAR）数据库，立足于 2013—2018 年沪深 A 股上市公司的财务数据，利用倾向得分匹配-双重差分（PSM-DID）的因果识别方法构建实证分析模型，在较大程度上避免了内生性问题的干扰，亦能够较为准确地估计出政策处理效应。依据上述实证回归模型的分析结果，可得到如下研究结论：

第一，由基准回归结果可知，研发费用加计扣除政策能够使企业研发支出提升 22.4%，表明普惠性的研发费用加计扣除政策确实能够提高企业的研发支出水平与创新能力。且在考虑控制变量、行业固定效应、年份固定效应等的基础上，该研究结论依然成立。而从各控制变量的系数来看，无形资产、净资产收益率、总资产、托宾 Q 值等的系数均为正，且分别在 10%、1%、1%、5%的水平上显著，表明上述指标越高，企业的研发支出及创新能力越强。而大股东持股比例的系数为正，但不显著。

第二，在异质性分析方面，本章从企业规模、所有权性质、企业所在区域、企业所处市场环境等视角出发，对税收优惠影响企业创新行为的有效性进行异质性检验。研究结论显示，研发费用加计扣除政策推动企业研发创新的有效性，对于大中型企业、国有企业、中西部企业与所处市场环境相对较差的企业更为明显。

第三，在稳健性检验方面，本章在考虑实施研发费用加计扣除政策的同时，排除"营改增"的推行可能对回归分析结果的干扰，进一步对研究结论进行稳健性检验。报告结果显示，普惠性研发费用加计扣除政策确实对提高企业的研发创新支出具有积极效果，且不受"营改增"同步推行的影响，证明本书的研究结论是可靠的。

本书的研究结论为税收优惠影响企业创新行为有效性提供了经验证据，其内涵是：2016年具有普惠性、实质性的研发费用加计扣除政策对于扩大企业研发支出、提升企业研发创新能力具有正向积极作用，且有利于营造公平、规范、有序的市场环境，对中西部企业创新研发的激励效应更为明显。其政策内涵是：未来应进一步突出研发费用加计扣除政策的普惠性、实质性，从而进一步激发企业创新的积极性，提高企业的经济效益。

第五章

税收优惠影响企业环保行为有效性的实证分析

加强污染防治和生态建设,加快推动形成绿色发展方式,是我国推动经济高质量发展要解决的关键问题。企业在追求经济利益最大化的同时亦负有环境保护的社会责任,税收优惠则是政府鼓励企业加大绿色环保投入、降低能耗与污染水平的重要政策手段。为实证检验其激励效果,基于2010—2017年企业微观层面的财务数据及绿色专利数据,利用两阶段工具变量广义矩估计(IV-GMM)方法展开研究。

第一节 税收优惠影响企业环保行为有效性的分析框架

自20世纪70年代以来,由于人口增长、经济发展以及工业化、城镇化进程不断加快,我国的环境污染问题日趋严重。同时,我国的环境保护事业也经历了从无到有、逐渐发展壮大的历史进程。从成效来看,一方面,全社会对环境保护的投入实现了跨越式增长。另一方面,污染防治强力推进,大气污染、水污染、土壤污染等治理成效日益彰显。从国际社会来看,中国深度参与全球环境治理,树立起认真履约、值得信赖的大国形象。

然而,不应忽视的是,中国正处于快速推进工业化的发展阶段,环境治理仍然是一项长期而艰巨的任务。环境治理有赖于政府、市场与社会力量共同参与、分工协作，从而塑造出具有开放式、包容性和适应性的治理模式（詹国彬，陈健鹏，2020）。而无论基于法律责任、社会责任还是市场竞争的现实需要，企业都是环境治理的主体和关键环节。首先，企业为追求经济效益最大化而从事生产经营活动，所产生的污染物、废弃物客观上对社会与环境产生直接影响。从伦理学视角来看，企业应当基于保护环境、维护人与自然和谐相处的考量，采取开发环境友好型产品、改善生产流程、提高资源可持续利用效率等途径，实现企业经济绩效与环境绩效的统一（龙成志，Bongaerts，2017）。其次，企业践行环境责任与实现企业的经济效益、社会效益并行不悖，并有助于企业获得可持续发展的创新优势及企业声誉（Schaltegger，Wagner，2011）。

另外，政府监管在环境治理体系中处于基础和核心地位，政府所颁布的环境经济政策对企业的环境保护行为具有深刻影响。其理论依据在于：第一，资源环境在一定程度上具有公共品属性，在产权界定不明晰的情况下，使用者对资源环境的消费易产生搭便车行为，导致资源环境的过度开采和利用，甚至资源枯竭与自然环境破坏，换言之，在市场机制的作用下，资源环境作为公共产品的供给难以达到最优水平；第二，企业在生产经营活动过程中的排污行为对资源环境具有明显的负外部性，其结果是，资源环境消费所引致的个人成本低于社会成本，从而造成资源配置的低效率；第三，根据波特假说，适当的环境规制设计有利于推动企业的研发创新，尽管在短期内企业的遵从成本有所上升，但从长期来看，企业生产效率的提高与市场竞争力的增强，最终对经济增长具有促进作用。

税收在推动企业绿色发展方面的职能作用主要表现在：一方面，通过环保税、资源税、耕地占用税的征收对企业的污染排放行为进行反向约束，倒逼企业生产工艺升级和排污改造，从而提高资源的综合利用率；另一方面，积极落实减税降费政策，通过税收优惠激发市场主体活力，助力企业调整优化产业结构，走绿色发展的新道路。

具体来看，目前，我国已构建起以环境保护税为主体，以资源税、耕地占用税为重点，以车船税、车辆购置税、增值税、消费税、企业所得税等税种为辅助，涵盖资源开采、生产、流通、消费、排放五大环节八个税种的生态税收体系。从支持节能减排的税收减免优惠政策来看，其主要内容包括：第一，企业所得税方面，综合利用资源生产产品取得的收入在计算应纳税所得额时减计收入；从事符合条件的环境保护、节能节水项目的所得定期减免企业所得税；实施清洁发展机制项目的所得定期减免企业所得税；符合条件的节能服务公司实施合同能源管理项目的所得定期减免企业所得税；增值税方面，符合条件的合同能源管理服务免征增值税；销售自产的利用风力生产的电力产品增值税即征即退政策；销售自产的部分新型墙体材料增值税即征即退政策；车船税方面，符合条件的节能乘用车减半征收车船税；符合条件的节能商用车减半征收车船税；符合条件的新能源汽车免征车船税；符合条件的新能源船舶免征车船税。车辆购置税方面，免征新能源汽车车辆购置税；消费税方面，对符合条件的乘用车调减消费税税率。上述优惠扶持政策在降低企业税负的同时，对于企业从事节能减排、保护环境的绿色发展具有重要意义。

一、制度背景与研究假说

承前文所述，税收政策通过约束与激励的双向作用对企业的环保行为产生深刻影响。但无论是对企业开发及利用应税资源、排放污染物、占用耕地等行为征收相应税种，抑或是降低企业在从事环境保护行为时的税收负担，均通过改变企业承担的实际税负而实现其政策目标。从本质上说，税收是经济利润的直接减项与企业的税后收益及盈利能力呈此消彼长的关系。对于以追求利润最大化为目标的企业而言，将有限的资金投入外部性较强、风险较高、前期投入大而收效慢的环保类非经济项目，其动力本身不强（刘畅，张景华，2020）。而鼓励企业节能环保的税收优惠政策，则可以通过摊薄企业税基、减少企业应纳税所得额等途径，降低企业实际税负，增加企业的税后利润，从而提升企业的环境绩效水平与绿色创新能力。

具体而言，企业在进行环保投资、履行环境责任时，通常需要购进节能环保专用设备或进行生产流程、生产工艺的技术改造，不仅如此，还需要调整生产结构、进行员工培训、装配必要的环保设备等（毕茜，李虹媛，2019），均对企业生产成本具有抬升作用。但是，企业可以从当年的应纳税额中抵免部分购置设备款项，从而降低企业投资的实际成本，提升企业投身技术改造、减少污染物排放的积极性。另外，对于资源综合利用产品的所得税优惠政策，部分能源管理项目的税收优惠政策，销售符合条件的资源综合利用产品及服务、电力产品、新型墙体材料等享受增值税即征即退等政策，则能够直接降低企业缴纳的税费负担，成为企业应对环保经济政策压力的缓冲器。与此同时，环保税收优惠政策还有利于激发企业的创新活力，鼓励企业投身于环保技术的研发从而实现企业税负的降低与绿色创新能力的提升。其原因在于，绿色创新需要大量资源的长期投入，而环保税收优惠政策的实施，能够通过降低企业成本从而缓解企业因资金约束所带来的创新激励不足等问题，并减少企业管理者对绿色创新活动不确定性的担忧（李青原，肖泽华，2020）。例如，环保技术的研发创新能够通过研发费用加计扣除的方式降低企业实际税负，实现企业税后收益的增加与绿色创新能力提升的"双赢"。

但是，税收优惠政策的实施在带来收益的同时，也存在制定与实施过程中的经济成本与管理成本。因此，全面评估环保税收优惠政策对提升企业环保绩效与绿色创新能力的有效性，有必要立足于"成本-收益"的分析视角综合考量。具体而言，首先，税收优惠作为政府嵌入市场机制正常运行的"楔子"，具有针对性、导向性较强的特点，但面对瞬息万变的市场信息，其资源配置的效率往往欠佳，公平性缺失，还极易对市场参与者的预期形成扰动，且政策间部门间协同性、中央与地方间协同性不强，甚至相互冲突、抵消，从而进一步弱化政府宏观调控的效果，于企业而言无疑也是极大的资源损耗。例如，受税收优惠政策激励的企业，可能致力于绿色创新专利的增加，但更多属于为企业寻求政府扶持而进行的"策略性创新"而非实质性创新（黎文靖，郑曼妮，2016），从而导致企业绿色创新"数量"的增加而非"质量"的实质性提升。其次，税收优惠的实施以政府放弃部分税收收入为代价，而如果税收优惠并未取得原有的政策效果，如企业投资的增加、就业水平的改善、技术创新的进步等，则可能导致税基侵蚀与政府实际收入的下降。同时，纳税人为申报享受税收优惠需承担遵从成本，部分纳税人为获得某项税收优惠而对财务数据进行调整甚至欺诈将抬高企业的税务风险，税务机关为执行某项税收优惠政策亦需要付出管理成本。凡此种种，都有可能削弱税收优惠影响企业环保绩效与绿色创新能力的有效性，为企业生产经营带来超额负担，亦对政府税收收入形成侵蚀。

基于以上分析，本书提出：

假设 1a：税收优惠有利于企业提升其绿色创新能力

假设 1b：税收优惠不利于企业提升其绿色创新能力

税收优惠影响企业绿色环保行为的有效性还与企业的所有权性质及规模有关。换言之，相比于国有企业、规模以上的工业企业，税收优惠对民营企业、中小型企业环保行为的激励效果不彰。其理由在于，国企及其他大型企业在市场竞争中具有得天独厚的政策优势，自身规模庞大、业务成熟，与政府具有天然的政治联系，更易于通过与隶属层级政府的联系获取特惠型政策支持，因而相较于民营企业，国有企业通过政治关联在"向上要资源"中表现更为强劲（高炜、黄冬娅，2018），也更易于获得地方政府保护并享受"特惠型"税收优惠的政策支持。例如，尽管国企按章纳税、缴费，从账面上看税负相对较高，但如果将国企实际享受到的地方政府给予的税收返还、地价返还等各类隐性补贴以及获得政府项目的优先权等考虑进来，其实际税负依然处于能够接受的水平，实际税收优惠力度也更强。其结果是，从创新能力上看，国有企业、上市公司往往能够通过国家财政投入或资本市场融资，后者则主要依靠自身积累与投入来解决，因而对资金积累增值与再投资的需求更为迫切，其行为决策逐利性更强，利润最大化的经营目标更为明确，而对绿色环保行为的设备投资及技术研发则存在动力不足，税收优惠的激励效果也更为薄弱。

另外，近年来，国家层面出台了多项减税降费政策，地方版的减税降费政策也陆续出台。但由于各区域财政状况存在差异，减税力度也有所不同，导致各地区企业的税收优惠实际享受程度差异显著。据2019年上半年披露的27省（自治区、直辖市）减税降费数据，全国累计新增减税降费11 709亿元，其中减税10 387亿元。其中，广东省减税降费规模最大，达到172 7.8亿元；北京减税降费力度最强，税费降低金额达到105 3亿元，占地方财政收入比重最高。此外，2019年上半年全国一半的减税降费金额分布在东部五省（直辖市）（广东、江苏、北京、浙江、上海）。上述区域均呈现出总部经济发达、制造业大省、小微企业多、居民收入高、财力雄厚等特征。而黑龙江、山西、江西、贵州的减税降费数据占地方财政收入比重则相对靠后，折射出各省（自治区、直辖市）减税费规模不一，减税降费政策实际落实程度及企业实际受惠力度存在明显的区域间差异。❶

基于以上分析，本书提出：

假设 2a：相较于民营企业，税收优惠对国有企业绿色创新能力的激励作用更强

假设 2b：相较于中西部企业，税收优惠对东部企业绿色创新能力激励作用更强

政府公共政策的实施以一定的制度环境为背景，本地区正式与非正式的制度环境对政策工具的实际效果具有重要影响（林木西 等，2018），绿色税收优惠作为政府对企业环保行为的激励措施亦概莫能外。现代制度经济学理论认为，制度是推动经济发展的关键性因素，对市场主体的行为具有重要影响。这一制度条件主要包括：较高的区域法治化水平、要素自由流动、私人产权的有效保护、完善的市场竞争机制、公平规范的营商环境等（刘慧龙，吴联生，2014）。其原因在于，完善的制度环境、规范、便利的营商环境能够降低企业的交易成本与交易风险，

---

❶ 27省份半年减税降费账本：广东规模最大，北京力度最强[EB/OL]. 第一财经（2019-09-17）[2021-05-19]. https://www.yicai.com/news/100334471.html

产权与投资收益得到保护，也便于企业获得更为优质的公共服务，如高效率的行政审批服务等，并减少其机会主义行为和道德风险。其结果是，降低企业从事研发活动所需的生产要素成本，以及企业为申报享受税收优惠所付出的制度性交易成本，使企业更易于从产品与技术研发过程中获得预期收益，从而推动企业的技术进步和绿色发展能力的提升。

因此，在市场化程度较高的地区，营商环境更为公平、规范、透明，税收优惠对企业绿色创新能力的激励效果应当更强。反之，在市场化程度较低的地区，税收优惠在实施过程中可能会产生"寻租"问题，从而对企业的绿色创新及环保行为产生扭曲效应，从而削弱税收优惠政策的实施效果。

基于以上分析，本书提出：

假设 3：市场环境对政府公共政策的实施效果具有调节作用。市场环境越良好，税收优惠对企业绿色创新能力的激励作用越强。

二、模型设定及变量选择

为实证检验税收优惠影响企业环保行为的有效性，本书构建如下基准回归模型：

$$\text{Patent}_{i,t} = \alpha_0 + \alpha_1 \text{Taxincet}_{i,t} + \alpha_2 \text{Controls}_{i,t} + \text{Industry}_i + \text{Year}_t + \mu_{i,t} \quad (5-1)$$

其中，$\text{Patent}_{i,t}$ 为被解释变量，表示上市公司绿色发明专利的申请量，用以度量企业在绿色创新方面的环保行为。

$\text{Taxincet}_{i,t}$ 为核心解释变量，以"收到的税费返还/支付的各项税费"表示，用以度量企业实际享受的税收优惠水平。❶ 其中，收到的税费返还是指企业收到返还的各种税费，如收到的增值税、营业税、所得税、消费税、关税和教育费附加返还款等；支付的各项税费是企业本期发生并支付的、本期支付以前各期发生的以及预缴的教育费附加、矿产资源补偿费、印花税、房产税、土地增值税、车船税、预缴的营业税等税费；但不包括计入固定资产价值、实际支付的耕地占用税、本期退回的增值税及所得税等。

$\text{Controls}_{i,t}$ 表示控制变量集，具体包括：$\text{Leverage}_{i,t}$ 表示企业的财务杠杆，计算公式为：（净利润+所得税费用+财务费用）/（净利润+所得税费用），用以度量企业的风险水平。$\text{ROA}_{i,t}$ 表示企业的总资产净利润率，计算公式为：净利润/总资

---

❶ 此处借鉴柳光强（2016）、周燕和潘遥（2019）、李涛等（2018）、郑贵华等（2019）的研究成果，依据企业财务报表关于税收返还的数据构建指标，用于测度企业税收优惠的总体水平。

产余额，用以度量企业的盈利能力。Prfitgrw$_{i,t}$ 表示企业的净利润增长率，计算公式为：（本期单季度净资产收益率-上一个单季度净资产收益率）/上一个单季度净资产收益率，用以度量企业的发展能力。Asslibty$_{i,t}$ 表示企业的举债经营水平，计算公式为：年末负债总额/年末资产总额，用以度量企业的经营能力。Cstprfit$_{i,t}$ 表示企业的成本费用利润率，计算公式为：利润总额/（营业成本+销售费用+管理费用+财务费用），用以度量企业的收益能力。Topholder$_{i,t}$ 表示大股东持股比例，用以度量企业的股权结构特征。Listime$_{i,t}$ 表示企业的上市时间。

此外，Industry$_i$ 表示行业固定效应；表示时间固定效应；$\mu_{i,t}$ 表示随机误差项；下标 i、t 分别表示企业个体与年份。

在使用基准回归模型时，由于被解释变量企业绿色专利申请量与关键解释变量企业税收优惠水平的相互关系不能排除内生性问题的困扰，故此，本书借鉴李林木和汪冲（2017），刘畅等（2019）的做法，使用两阶段工具变量广义矩估计（IV-GMM）方法进一步对回归结果进行检验。❶

为进一步探讨税收优惠对企业环保行为作用效果的影响因素，本书借鉴韩国高和张倩（2017）的研究成果，进一步探讨外部市场环境对税收优惠影响企业环保行为有效性的调节作用。在基准模型基础上，加入市场环境、市场环境与税收优惠的交互项，设定调节效应检验回归模型如下：

$$\text{Patent}_{i,t} = \alpha_0 + \alpha_1 \text{Taxincet}_{i,t} + \alpha_2 \text{Controls}_{i,t} + \alpha_3 \text{Mkt}_{i,t} + \\ \alpha_4 \text{Taxincet}_{i,t} \times \text{Mkt}_{i,t} + \text{Industry}_i + \text{Year}_t + \mu_{i,t} \tag{5-2}$$

三、样本数据来源及描述性统计

本书的研究样本为沪深 A 股上市公司。之所以选取上市公司为研究样本，主要原因有三：其一，根据国家统计局出版的《国际统计年鉴（2018）》所公布的数据，2017 年中国上市公司的总市值占 GDP 的比重达到 71.2%，上市公司对于推动国民经济增长发挥了重要作用；其二，上市公司能更好地贯彻会计准则及审计准则对财务报表的编制要求，因而其财报具有较高的规范性和可信度，且可比性和可获得性更为占优；其三，上市公司因其生产经营规模大、现金流量水平高，所覆盖的负担类型更为全面、真实性更强。

---

❶ 对于回归方法的使用，本书主要借鉴李林木、汪冲（2017）发表于《经济研究》的文章。此文提出，使用两阶段工具变量广义矩估计（LV-GMM）方法，能保证存在内生性时的一致性估计，并且对于任意异方差问题能够保证稳健与有效。

第五章 税收优惠影响企业环保行为有效性的实证分析

本书的研究样本区间为 2011—2017 年。这一做法参考了李青原和肖泽华（2020）的相关研究，既克服企业信息披露"自由裁量"的影响，又避免 2018 年 1 月 1 日起开征环境保护税这一政策干预对本书研究结论的影响。数据来源方面，本书涉及的企业财务数据来自国泰安（CSMAR）数据库，上市公司绿色发明专利的申请量数据来自国家专利产权局（SIPO）。

在此基础上，本书对原始数据进行如下处理：第一，剔除样本期内处于 ST 及*ST 的企业；第二，由于金融企业所适用的会计准则与一般企业相比较为特殊，部分指标不具有可比性，因此将金融类企业从研究样本中予以剔除；第三，对原始数据进行清理及整合：剔除简单重复的观测值、剔除错误共享 ID 的观测值、利用非参数方法对各变量缺失值进行弥补、对各连续变量在 5%和 95%处进行 winsorize 缩尾处理，从而降低异常值对回归结果的影响。经过上述程序后，最终得到 2011—2017 年共 772 个样本观测值。各年份观测值数量及主要变量的描述性统计分析具体见表 5-1。

表 5-1 主要变量的描述性统计分析

变量名称	均值	标准差	最小值	最大值
Patent	10.630 8	17.037 3	1	68
Taxincet	0.267 6	0.348 8	0.002 4	1.331 7
Leverage	1.536 7	0.965 2	0.885 5	4.677 2
ROA	0.044 6	0.034 9	0.002 3	0.121 9
Prfitgrw	0.261 5	0.729 0	−0.759 7	2.224 6
Asslibty	2.119 5	0.841 8	1.281 9	4.464 4
Cstprfit	0.097 3	0.087 6	0.005 1	0.326 4
Topholder	39.915 8	16.856 4	12.15	73.06
Listime	11.625 7	6.236 5	0	20
Mkt	7.958 4	1.529 4	4.96	9.9

如表 5-1 所示，企业绿色专利申请量的均值为 10.630 8，最小值与最大值分别为 1 和 68，标准差为 17.037 3；税收优惠率平均为 0.267 6，标准差为 0.348 8，最小值与最大值分别为 0.002 4 与 1.331 7；企业杠杆率平均为 1.536 7，标准差为 0.965 2，最小值与最大值分别为 0.885 5 和 4.677 2；总资产净利润率的平均值为 0.044 6，标准差为 0.034 9，最小值与最大值分别为 0.002 3 与 0.121 9；净利润增长率的平均值为 0.261 5，标准差为 0.729 0，最小值与最大值分别为−0.759 7 与

2.224 6；企业举债经营水平的平均值为 2.119 5，标准差、最小值与最大值分别为 0.841 8、1.281 9、4.464 4；成本费用利润率的平均值、标准差、最小值与最大值分别为 0.097 3、0.087 6、0.005 1 和 0.326 4；大股东持股比例与市场化指数的平均值分别为 11.625 7 和 7.958 4。

表 5-2 列示了变量间的 Pearson 相关系数检验结果。

表 5-2 变量间相关系数检验

	Patent	Taxincet	Leverage	ROA	Prfitgrw	Asslibty	Cstprfit	Topholder	Listime	Mkt
Patent	1									
Taxincet	0.066*	1								
Leverage	-0.151***	-0.008	1							
ROA	0.154***	-0.069*	-0.529***	1						
Prfitgrw	-0.024	0.024	-0.099***	0.142***	1					
Asslibty	-0.069*	0.074**	-0.330***	0.410***	-0.055	1				
Cstprfit	0.038	-0.087**	-0.436***	0.756***	0.078**	0.452***	1			
Topholder	0.080**	-0.168***	0.007	0.039	-0.006	-0.044	0.033	1		
Listime	0.045	-0.028	0.128***	-0.198***	0.118***	-0.172***	-0.268***	-0.220***	1	
Mkt	0.185***	0.196***	-0.183***	0.175***	-0.013	0.148***	0.210***	-0.026	-0.127***	1

如表 5-2 所示，企业税收优惠率与绿色创新能力呈现正相关，并在 10%的置信水平上显著，初步表明企业实际税收优惠水平对企业的绿色创新能力具有激励作用，且税收优惠水平越高，企业的绿色专利申请数量越大；大部分控制变量与企业绿色专利的申请量具有相关关系，其中，企业杠杆率、举债经营水平与企业绿色专利的申请数量呈现负相关，而总资产净利润率、大股东持股比例、市场化指数与企业绿色专利的申请数量呈现正相关。此外，变量间相关系数均较小，初步说明本书选取的各变量不存在严重的多重共线问题。

第二节　税收优惠影响企业环保行为有效性的实证结果

实证分析回归结果分为五部分：一是税收优惠影响企业绿色发明专利申请量的有效性基准回归分析结果，并在此基础上考虑税收优惠对企业绿色实用新型专利申请量（Patent_U）的影响；二是为克服模型存在的内生性问题，借鉴李林木、汪冲（2017），刘畅（2019）等的做法，利用两阶段工具变量广义矩估计（IV-GMM）方法对模型再次进行回归分析；三是通过更换被解释变量、解释变量的衡量指标，以及在处理离群值时，对各变量在 1%分位上进行双边缩尾处理，来验证回归估计结果的稳健性；四是区分不同地区及企业所有权性质，分别探讨税收优惠作用于企业环保行为的异质性影响；五是以区域市场环境为调节变量，针对税收优惠影响企业环保行为的传导路径进行机制分析。

一、税收优惠影响企业环保行为有效性的实证检验

表 5-3 报告了税收优惠影响企业环保行为有效性的基准回归分析结果。综括之，无论是混合效应回归、固定效应回归还是采用两阶段工具变量广义矩估计（IV-GMM）方法进行回归，结果均显示：税收优惠能够有效提升企业的绿色发明专利申请量，但对绿色实用新型专利申请量（Patent_U）的影响为负，且统计学意义上不显著。同时，本书所选用的工具变量通过了不可识别检验、弱工具变量检验及过度识别检验，因此，本书对工具变量的选取是有效的。

具体来看，表 5-3 列（1）混合效应回归结果所示，税收优惠对企业绿色发明专利申请量的影响为正，并分别在 5%的置信水平上通过显著性检验，其经济学含义是：税收优惠水平每上升 1 个单位，企业绿色发明专利的申请量将增加 5.28 个；在考虑行业及年份的双向固定效应后，表 5-3 列（2）所显示的税收优惠率回归系数值大体不变，且在 1%的置信水平上显著为正，初步表明本书的研究结论大体可靠，税收优惠对企业绿色创新能力具有提升作用。从各控制变量的系数来看，企业总资产利润率越高、大股东持股比例越高、企业上市时间越长，企业绿色创新能力越强；而企业杠杆率、举债经营水平、成本费用利润率越高，企业绿色创新能力相对越弱。

进一步考虑税收优惠影响企业绿色实用新型专利申请量（Patent_U）的有效性，由表 5-3 列（3）、列（4）所示，税收优惠对企业绿色实用新型专利申请量（Patent_U）的影响为负，但在统计学意义上不显著。

进一步地，由于企业的绿色创新活动具有连贯性与时期上的相关性，为克服模型中可能存在的内生性问题，本书以关键解释变量税收优惠率的滞后一期、滞后二期作为工具变量，利用两阶段工具变量广义矩估计（IV-GMM）方法进行回归，结果如表 5-3 列（5）、列（6）所示。回归结果与前文一致。税收优惠对企业绿色发明专利的申请量具有正向作用，但对绿色实用新型专利申请量的影响为负，且在统计学意义上不显著。具体来看，税收优惠对企业绿色发明专利申请量的激

励作用得到增强,表现为回归系数增加至 10.93,且在 1%的置信水平上高度显著。从工具变量有效性的检验来看,首先,对工具变量法运用的前提进行检验,Anderson LM 检验统计量为 209.911,对应的 P 值为 0.000 0,在 1%的显著性水平上拒绝模型不可识别的原假设。同时,其直观意义还包括工具变量与解释变量相关,因此,不可识别检验也在一定程度上验证了模型不存在弱工具变量的问题。进一步地,利用 Cragg-Donald Wald F 统计量进行弱工具变量检验。结果显示,Cragg-Donald Wald F 统计量的值为 535.147,远大于斯托克和尤格(Stock,Yogo,2005)在 15%处给出的临界值 11.59,说明模型不存在弱工具变量问题。在检验工具变量的外生性问题上,Sargan 检验统计量为 0.006,对应的 P 值为 0.939 2,即接受了"所有工具变量均为外生"的过度识别原假设。综上所述,本书所选取的工具变量是有效的。

表 5-3 税收优惠影响企业环保行为有效性的基准回归分析结果

	(1) Patent	(2) Patent	(3) Patent_U	(4) Patent_U	(5) Patent	(6) Patent_U
Taxincet	5.282**	5.542***	-0.829	-0.476	10.93***	-0.038 8
	(2.081 1)	(2.090 2)	(0.814 9)	(0.798 5)	(3.962 1)	(2.362 5)
Leverage	-2.316***	-2.811***	-1.180***	-1.455***	-5.805***	-3.286***
	(0.488 7)	(0.519 1)	(0.399 2)	(0.414 0)	(1.614 2)	(0.962 5)
ROA	132.1***	148.2***	38.23**	57.47***	220.0***	47.94
	(29.259 7)	(31.315 0)	(17.530 2)	(18.899 4)	(66.728 0)	(39.788 9)
Prfitgrw	-2.085***	-2.419***	-1.132**	-1.096**	-2.921	-2.915**
	(0.743 7)	(0.780 4)	(0.475 0)	(0.539 1)	(1.955 5)	(1.166 1)
Asslibty	-3.335***	-4.318***	-2.099***	-2.424***	-6.316***	-4.834***
	(0.679 0)	(0.734 2)	(0.490 0)	(0.563 2)	(1.851 8)	(1.104 2)
Cstprfit	-21.65**	-38.06***	0.596	-11.64	-60.90**	5.24
	(9.712 2)	(12.392 6)	(7.135 6)	(9.145 4)	(29.613 1)	(17.657 8)
Topholder	0.106**	0.069 0**	0.067 2**	0.032 2	-0.049 1	-0.052 3
	(0.041 2)	(0.033 5)	(0.028 0)	(0.022 3)	(0.086 4)	(0.051 5)
Listime	0.257***	0.153	-0.042 8	-0.097 3	0.010 1	-0.239
	(0.090 5)	(0.094 9)	(0.061 9)	(0.061 7)	(0.259 5)	(0.154 7)
_cons	9.392***	15.83***	10.21***	13.58***	49.97***	39.62***
	(2.501 1)	(2.775 1)	(2.195 7)	(2.167 0)	(10.168 6)	(6.063 4)

续表

	（1）	（2）	（3）	（4）	（5）	（6）
	Patent	Patent	Patent_U	Patent_U	Patent	Patent_U
年份效应	否	是	否	是	是	是
行业效应	否	是	否	是	是	是
不可识别检验					209.911***（P=0.000 0）	209.911***（P=0.000 0）
弱工具变量检验					535.147	535.147
过度识别检验（Sargan）					0.006（P=0.939 2）	0.674（P=0.411 7）
N	772	771	772	771	256	256
adj. R^2	0.080 9	0.162 9	0.055 2	0.104 5	0.198 8	0.154
F	9.651	11.45	4.777	5.633	4.479	3.442

进一步对回归模型的多重共线性检验结果见表5-4。由表5-4可知，各解释变量的方差膨胀因子VIF均小于10，表明模型不存在明显的多重共线问题。

表5-4　方差膨胀因子分析

	ROA	Cstprfit	Topholder	Listime	Leverage	Taxincet	Prfitgrw	Mean VIF
VIF	6.77	5.74	5	3.8	3.71	1.6	1.2	4.43
1/VIF	0.147 709	0.174 309	0.200 045	0.263 444	0.269 435	0.624 976	0.833 4	0.225 734

二、税收优惠影响企业环保行为有效性的异质性分析

税收优惠影响企业环保行为有效性的企业性质及区域异质性分析结果如表5-5所示。根据表5-5列（1）、列（3）所示结果，税收优惠激励企业绿色发明专利申请数量的积极作用仅对国有企业（State）与东部地区企业（East）显著。具体来看，表5-5列（1）显示，Taxincet的回归系数为24.57，表示税收优惠率每增加1个单位，国有企业绿色发明专利申请数量提高约24.57个，这一结果在1%的置信水平上高度显著。从工具变量有效性的检验来看，首先，Anderson LM检验统计量为137.797，对应的P值为0.000 0，在1%的显著性水平上拒绝模型不可识别的原假设，拒绝工具变量不可识别的原假设。同时，其直观意义还包括工具变量与解释变量相关，因此，不可识别检验也在一定程度上验证了模型不存在

弱工具变量。进一步地，利用 Cragg-Donald Wald F 统计量进行弱工具变量检验。结果显示，Cragg-Donald Wald F 统计量的值为 256.760，远大于斯托克和尤格（Stock，Yogo，2005）在 15%处给出的临界值 11.59，说明模型不存在弱工具变量问题。在检验工具变量的外生性问题上，Sargan 检验统计量为 0.003，对应的 P 值为 0.958 5，即接受了"所有工具变量均为外生"的过度识别原假设。综上所述，本书所选取的工具变量是有效的，假设 2a、假设 2b 得证。

表 5-5 列（3）显示，Taxincet 的回归系数为 20.19，表示税收优惠率每增加 1 个单位，国有企业绿色发明专利申请数量提高约 20.19 个，这一结果在 1%的置信水平上高度显著。从工具变量有效性的检验来看，Anderson LM 检验统计量为 133.128，对应的 P 值为 0.000 0，在 1%的显著性水平上拒绝模型不可识别的原假设，拒绝工具变量不可识别的原假设。同时，其直观意义还包括工具变量与解释变量相关，因此，不可识别检验也在一定程度上验证了模型不存在弱工具变量。进一步地，利用 Cragg-Donald Wald F 统计量进行弱工具变量检验。结果显示，Cragg-Donald Wald F 统计量的值为 219.285，远大于斯托克和尤格（Stock，Yogo，2005）在 15%处给出的临界值 11.59，说明模型不存在弱工具变量问题。在检验工具变量的外生性问题上，Sargan 检验统计量为 0.098，对应的 P 值为 0.754 2，即接受了"所有工具变量均为外生"的过度识别原假设。综上所述，本文所选取的工具变量是有效的。

尽管税收优惠对于民营企业、中部地区企业的绿色发明专利申请数量同样为正，但统计学意义不显著，具体如表 5-5 列（2）、列（4）所示。税收优惠对于西部地区企业的绿色发明专利申请数量甚至具有负向作用，但统计学意义同样不显著，具体如表 5 列（5）所示。

表 5-5 税收优惠影响企业环保行为有效性的企业性质及区域异质性分析

	（1）State	（2）Private	（3）East	（4）Middle	（5）West
Taxincet	24.57***	8.902	20.19***	4.86	-0.184
	(5.938 0)	(6.976 1)	(5.495 6)	(20.417 1)	(3.285 5)
Leverage	-4.607**	-7.696*	-9.986***	-3.496	-1.419
	(1.853 6)	(3.991 2)	(2.849 6)	(2.602 4)	(2.122 0)
ROA	397.3***	166.1*	266.2***	-7.32	-497.7***
	(94.400 8)	(91.278 3)	(85.232 8)	(165.075 7)	(116.492 6)

续表

	（1）State	（2）Private	（3）East	（4）Middle	（5）West
Prfitgrw	-3.678	-3.742	-4.254*	-4.945	-1.792
	(2.307 8)	(3.526 4)	(2.529 5)	(4.221 7)	(2.494 2)
Asslibty	-7.508***	-6.887	-7.396***	-7.382	-4.802
	(2.104 9)	(4.244 0)	(2.052 8)	(10.137 2)	(3.612 6)
Cstprfit	-99.31***	-52.63	-100.1***	76.26	422.0***
	(36.500 6)	(49.690 8)	(33.892 3)	(76.370 5)	(81.242 3)
Topholder	0.079 1	-0.278	-0.074	0.022 3	0.217
	(0.109 4)	(0.176 8)	(0.106 8)	(0.211 2)	(0.158 1)
Listime	-0.139	-1.349***	-0.408	2.190**	1.180***
	(0.365 9)	(0.470 1)	(0.342 3)	(1.059 2)	(0.355 0)
_cons	38.25***	49.78***	71.08***	-13.72	-1.772
	(11.782 8)	(17.343 4)	(12.811 0)	(29.260 0)	(14.478 6)
年份效应	是	是	是	是	是
行业效应	是	是	是	是	是
不可识别检验	137.797***	54.811***	133.128***	36.071***	22.793***
	(P=0.000 0)	(P=0.000 0)	(P=0.000 0)	(P=0.000 0)	(P=0.000 0)
弱工具变量检验	256.760	157.285	219.285	51.155	495.777
过度识别检验（Sargan）	0.003	0.303	0.098	1.756	0.006
	(P=0.958 5)	(P=0.582 2)	(P=0.754 2)	(P=0.185 1)	(P=0.940 0)
N	181	63	182	47	23
adj. R^2	0.269 2	0.064 5	0.238 5	0.076 3	0.274 6
F	4.776	1.452	4.231	1.283	1.694

三、税收优惠影响企业环保行为有效性的稳健性检验

本书通过更换被解释变量、解释变量的衡量指标，以及在处理离群值时，对各变量在 1%分位上进行双边缩尾处理，来验证回归估计结果的稳健性。稳健性检验的模型回归结果见表 5-6。

首先，基于和讯网公布的历年上市公司社会责任报告，将被解释变量替换为上市公司环境责任评分，进一步对税收优惠影响企业环保行为的有效性进行稳健性检验。根据表 5-6 列（1）所示结果，尽管税收优惠对企业环境责任的影响下降

至 1.273，表示税收优惠率每增长 1 个单位，企业环境责任评分上升 1.273，但系数依然为正，且在 10%的置信水平上显著。与前文类似，工具变量的选取也通过了不可识别检验、弱工具变量检验与过度识别检验，表明工具变量的选取是有效的。

其次，以企业收到的税费返还取对数值作为关键解释变量税收优惠的代理变量进行回归，结果如表 5-6 列（2）所示。依据表 5-6 列（2）所示结果，税收优惠对企业环保行为的激励作用不发生改变，回归结果在 1%的置信水平上高度显著，且工具变量选取有效。

最后，借鉴陈强远（2019）的研究结果，在处理离群值时，对各变量在 1%分位上进行双边缩尾处理，来验证回归估计结果的稳健性。结果如表 5-6 列（3）所示。依据表 5-6 列（3）所示结果，税收优惠对企业环保行为的激励作用依然显著为正，工具变量的选取具有有效性，进一步说明本书的研究结论是稳健的。

表 5-6　税收优惠影响企业环保行为有效性的稳健性检验

	（1） ERS	（2） Patent	（3） Patent
Taxincet	1.273* (0.661 3)		10.93*** (3.962 1)
Lntxrturn		6.107*** (0.851 2)	
ROA	−3.189 (6.539 4)	100.6 (63.414 5)	220.0*** (66.728 0)
Prfitgrw	0.455 (0.296 4)	−1.473 (1.841 8)	−2.921 (1.955 5)
Asslibty	0.048 (0.110 6)	−1.422 (1.862 2)	−6.316*** (1.851 8)
Cstprfit	−1.107 (1.679 3)	−27.3 (28.328 2)	−60.90** (29.613 1)
Topholder	0.007 77 (0.010 5)	−0.085 1 (0.081 0)	−0.049 1 (0.086 4)
Listime	−0.088 4*** (0.029 0)	−0.246 (0.248 3)	0.010 1 (0.259 5)

续表

	（1） ERS	（2） Patent	（3） Patent
_cons	8.893***	−76.75***	49.97***
	（1.758 8）	（20.466 2）	（10.168 6）
年份效应	是	是	是
行业效应	是	是	是
不可识别检验	481.458***	185.396***	209.911***
	（P=0.000 0）	（P=0.000 0）	（P=0.000 0）
弱工具变量检验	105 3.868	308.541	535.147
过度识别检验	0.079	0.092	0.006
（Sargan）	（P=0.778 6）	（P=0.761 1）	（P=0.939 2）
N	616	256	256
adj. R^2	0.441 3	0.283 2	0.198 8
F	20.41	7.092	4.479

四、税收优惠影响企业环保行为有效性的机制分析

市场环境对税收优惠影响企业环保行为的调节机制检验结果见表 5-7。总体而言，税收优惠对企业环保行为的激励效果不变，且系数大体保持稳定。市场环境对企业环保行为的影响为正。各变量的系数及显著性不随变量是否去中心化而有所改变。具体来看，表5-7 列（1）显示，税收优惠率每增加 1 个单位，企业绿色发明专利的申请量增加 3.715 个；市场环境指数每增加 1 个单位，企业绿色发明专利的申请量增加 1.877 个。但税收优惠与市场环境交乘项的系数 c.c_Taxincet#c.c_Mkt 为负且均不显著，表明市场环境越好的地区，即市场化指数越高的地区，企业从事绿色发明专利环保行为的动机越强烈，但市场环境对税收优惠影响企业环保行为的有效性不具有调节作用。

表 5-7　市场环境对于税收优惠影响企业环保行为有效性的调节机制检验

	（1） Patent	（2） Patent	（3） Patent
Taxincet	3.715*	3.900**	
	（2.048 0）	（1.827 4）	

117

续表

	（1） Patent	（2） Patent	（3） Patent
Mkt	1.877*** (0.357 5)	1.859*** (0.362 5)	
c_Taxincet			3.900** (1.827 4)
c_Mkt			1.859*** (0.362 5)
c.c_Taxincet#c.c_Mkt		-0.395 (1.200 4)	-0.395 (1.200 4)
Leverage	-2.561*** (0.510 2)	-2.543*** (0.519 1)	-2.543*** (0.519 1)
ROA	132.9*** (30.484 1)	133.0*** (30.565 2)	133.0*** (30.565 2)
Prfitgrw	-2.186*** (0.786 0)	-2.185*** (0.786 6)	-2.185*** (0.786 6)
Asslibty	-4.401*** (0.727 0)	-4.391*** (0.732 1)	-4.391*** (0.732 1)
Cstprfit	-36.48*** (11.943 6)	-36.53*** (11.961 3)	-36.53*** (11.961 3)
Topholder	0.070 4** (0.033 0)	0.069 1** (0.032 5)	0.069 1** (0.032 5)
Listime	0.188** (0.094 9)	0.187* (0.095 2)	0.187* (0.095 2)
_cons	1.162 (3.516 0)	1.32 (3.505 6)	17.16*** (2.855 7)
年份效应	是	是	是
行业效应	是	是	是
N	771	771	771
adj. R^2	0.184 2	0.183 2	0.183 2
F	11.36	10.38	10.38

第三节 实证分析主要结论及问题分析

基于2010—2017年企业微观层面的财务数据及绿色发明专利申请量数据,对税收优惠影响企业环保行为的有效性进行实证分析。在基准回归分析的基础上,利用两阶段工具变量广义矩估计(IV-GMM)方法克服模型存在的内生性问题,区分企业性质及所属区域对税收优惠政策的激励效果并进行异质性分析,运用多种方法对模型回归结果进行稳健性检验,并对市场环境影响税收优惠有效性的调节作用进行机制分析。

研究结果显示,税收优惠能够有效提升企业的绿色发明专利申请量,但对绿色实用新型专利申请量(Patent_U)的影响为负,且统计学意义上不显著,表明税收优惠对于推动企业绿色创新发展及从事环境保护的行为具有特定的作用空间;税收优惠对企业环保行为的影响具有异质性,税收优惠激励企业绿色发明专利申请数量的积极作用仅对国有企业与东部地区企业显著,对民营企业、中西部地区企业激励效果不明显;上述分析结论在经过稳健性检验后依然成立,并且在运用两阶段工具变量广义矩估计(IV-GMM)方法中,工具变量的选取是有效的;机制检验的结果表明,税收优惠与市场环境均对企业环保行为具有激励效果,但市场环境在税收优惠影响企业环保行为有效性的传导机制中不具有调节作用。

本章结论对于完善我国环境保护领域相关税收优惠政策具有重要的政策启示。首先,正面肯定税收优惠在促进企业环保行为方面的激励作用,但需要注意,在税收优惠政策工具的运用方面,应考虑到企业性质及所属区域的异质性,同时注重提升地区市场化程度,为企业生产经营、技术进步及环境保护等活动营造公平、规范、便捷的外部环境。

第六章

税收优惠影响企业微观主体行为有效性的调研案例分析

调研分析与案例研究是通过实地走访调研，概述某一研究对象的发展全貌与变化过程，从而对某一类共性问题或现象形成较为深入、详细和全面的认识。实践中，纳税人对减负红利的感知，是税收优惠政策有效性的直接反映。因此，本章在实证分析的基础上，进一步通过实地走访调研，探析企业税费负担的实际状况、当前企业税收优惠政策制定流程的优势与不足、政策实施阶段企业对惠企减负措施的"获得感"。

第一节 税收优惠降低企业税费负担有效性的调研分析

税收优惠政策的直接作用在于企业实际税费负担的下降。尽管统计数据表明，从国家层面看，以税收优惠为主要抓手的减税降费工作已取得长足进展，企业税费负担总体上呈现下降趋势。但是，从现实情况看，微观层面的减税效果在企业间具有明显的分化，反映出部分税收优惠政策在落地过程中还存在制度与执行层面的政策偏差。结合笔者面向鄂、苏、粤等地百余家民营企业发放的调查问卷与实地访谈，探析税收优惠对降低企业税费负担的实际效应。

一、税收优惠降低民营企业实际税费负担有效性的调研分析

民营经济是推动我国经济高质量发展不可或缺的力量之一。本部分依托笔者2018年10—12月对鄂、苏、粤等地百余家民营企业的走访调研，总结概括当前

第六章 税收优惠影响企业微观主体行为有效性的调研案例分析

民营企业税负的总体状况及变动趋势，统计分析结果如图6-1～图6-2所示。

企业对负担的总体感受及变化趋势如图6-1所示。总体而言，约2/3的民营企业认为当前总体负担水平适度，约25.76%的企业认为当前总体负担偏重，仅2.27%的企业认为当前企业负担较轻［图6-1（a）］；但与2015年相比较，逾八成企业认为总体负担有所减轻或保持不变，约17.70%的企业认为总体负担呈加重趋势［图6-1（b）］。

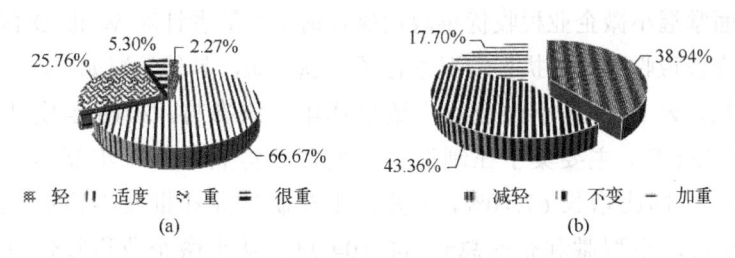

图6-1 2015年以来民营企业总体负担情况及变化

单就税收负担而言，从调研中了解的情况来看，约70.80%的民营企业认为当前税负处于适度水平，但仍有20.44%的企业认为当前税负水平较重，约2.19%的企业认为税负水平很重；相比于2015年，有半数企业认为税负总体有所减轻，45%的企业认为税负基本保持不变，仅5%的企业认为税负不降反增。

如图6-2所示，导致企业增值税税负增加的原因依次为留抵税额较大且不能退还造成资金积压、税率偏高、难以取得增值税专用发票、不允许抵扣的购进项目较多，甚至分别有9.10%的企业认为税率和购进项目难以抵扣导致增值税税负很重。

	轻	适度	重	很重
留抵税额较大且不能退还造成资金积压/%	40	10	50	0
税率偏高/%	18.18	36.36	36.36	9.10
难以取得增值税专用发票/%	30	50	20	0
不允许抵扣的购进项目较多/%	27.27	45.45	18.18	9.10

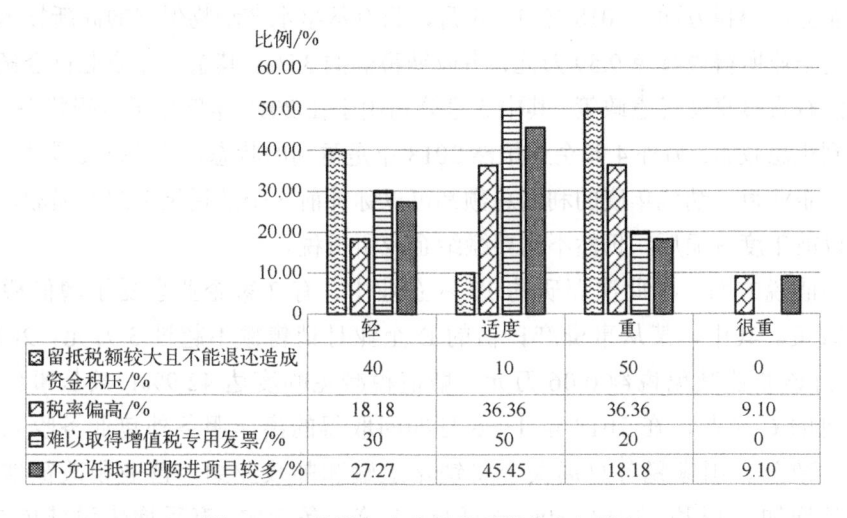

图6-2 可能增加企业增值税税收负担情况

此外，笔者还针对企业在纳税过程中面临的其他困难及问题广泛征集民营企业意见。例如，研发费加计扣除无法在发生当期预抵，要在每年纳税清缴时才给予扣除，但此时，企业已预缴企业所得税，企业申请退税较为困难，需要完成申报、税局审查等流程，部分企业认为流程烦琐而放弃申报退税。

二、税收优惠降低小微企业实际税费负担有效性的调研分析

为全面掌握小微企业税收优惠政策执行情况，笔者针对 W 市 D 区落实小微企业减税降费税收政策的执行情况进行了专题调研，具体情况如下：

近年来，W 市 D 区小微企业户数呈逐年递增态势。2016 年度共有小型微利企业 16 354 户，主要集中在制造业和批发零售业。2017 年度小型微利企业为 27 327 户，同比增长 67.10%，主要集中在制造业和批发零售业。截至 2018 年 6 月 30 日，小型微利企业总计 34 104 户。从小微企业税收优惠政策的执行情况来看：

企业所得税方面，2016 年度 W 市 D 区申报享受小微企业优惠 314 2 户，减免税额共计 182 8 万元。2017 年度申报享受小微企业优惠 361 6 户，同比增长 15.09%，减免税额共计 351 0 万元，同比增长 92.01%。截至 2018 年 6 月 30 日，申报享受小微企业优惠 214 9 户，减免税额共计 246 6 万元。

从代表性企业来看，本次共调研企业 10 家，其中：现代服务业 2 家、制造业 2 家、软件和信息技术服务业 3 家、批发和零售业 1 家、生物医药 2 家。上述企业享受各类型税收优惠政策情况如下：

企业所得税方面，2018 年 1—6 月，只有从事水产动物保健的高新技术企业 A 享受企业所得税减免 9.59 万元，占应纳税额的 35%。其余 9 家企业符合条件但暂时没有直接享受优惠政策，其中 5 家公司由于在 2018 年度处于亏损状态，无法享受到优惠政策；另外 4 家企业虽然 2018 年是盈利的状态，但根据我国税法有关规定，企业每一纳税年度的利润总额都可以弥补前 5 个纳税年度的亏损额，因此弥补以前年度亏损后，仍然不需要缴纳企业所得税。

增值税方面，在此次调研的 10 家企业中，有 2 家企业享受了增值税减免优惠政策。其中，某从事资产评估的 B 企业月销售额不超过 3 万元，2018 年 1—6 月该企业减免税额 0.06 万元，增值税减免幅度达 42.9%；某从事信息技术外包的 C 企业，在 2018 年 1—6 月期间取得的离岸服务外包业务收入，按照《财政部、国家税务总局关于将铁路运输和邮政业纳入营业税改征增值税试点的通知》（财税〔2013〕106 号）附件 3 第一条规定，享受增值税减免 74.67

万元，有力减轻了纳税人税收负担。

贷款利息免征增值税、印花税的优惠政策落实方面，由于贷款取得的利息收入免征增值税、印花税享受主体为金融机构，10 家企业均未反馈相关信息。经与 W 市 D 区相关银行机构核实，税务部门均按照国家相关政策办理了税收减免。其中，某商业银行分行 E 反馈，以 2018 年上半年为例，E 银行上半年营业收入 946 1 万元，缴纳增值税 346.6 万元，其中涉及中小企业贷款利息收入免征额为 26.21 万元，占分行缴纳增值税额的 7.6%；但印花税减免因税务部门备案登记需提供贷款全套资料和凭证，且税率较小（0.05‰），E 银行暂未办理相关减免手续，因此仍正常足额缴纳税款。

三、税收优惠降低制造业企业实际税费负担有效性的调研分析

为客观评估我国实体经济企业税费负担现状及发展趋势，本书以调研方式取得的某制造业上市公司企业财务信息为依托展开案例分析。具体而言，以阻碍或促进企业增长的税费支出流为逻辑起点，打开企业税费负担的"黑箱"，全面、清晰地勾勒出制造型企业的税费负担图景，并深入剖析减税降费对其税费负担的实际影响。

案例企业属家装行业的生产制造型企业、上市公司、高新技术企业，主营业务范围是生产及销售家装产品，也涉及木材及家装产品贸易等，职工人数为 314 5 人，职工参保人数为 314 5 人。

根据案例企业税费负担主要来源及性质，其税收负担主要包括增值税、消费税、城建税、企业所得税、土地增值税、城镇土地使用税、房产税、印花税和车船税，非税负担主要包括为员工缴纳的五险一金。但是，受数据难以量化所限，本报告并未反映案例企业在与政府部门互动及参与市场活动中的各项制度性交易成本及隐性负担。而毋庸置疑的是，企业生命周期及经营活动中，政府部门监管环节、层次越多，交易成本、隐性负担越重。因此，尽管该部分负担难以测算，但可以估测的是，若将其全部囊括，则各企业负担将出现不同程度的攀升。该企业 2015—2018 年总体税费负担情况见表 6-1。

表 6-1　2015—2018 年案例企业税费负担总体情况及其变动　　单位：%

项目	2015 年	2016 年	2017 年	2018 年（1—10 月）
全部税收支出占营业收入的比重	6.20	6.83	7.94	7.90
全部社保费占营业收入的比重	1.25	1.22	1.28	1.53

续表

项目	2015年	2016年	2017年	2018年（1—10月）
全部税费负担占营业收入的比重	7.46	8.06	9.22	9.43
税收支出占营业收入环比增长率	—	10.12	16.26	—
税收及社保支出占营业收入环比增长率	—	8.02	14.44	—

如表 6-1 所示，案例企业自 2015—2018 年税收负担、社保负担、全部税费负担均呈现逐年递增态势。其中，2015—2018 年全部税收支出占营业收入的比重分别为 6.20%、6.83%、7.94%、7.90%，根据数据可得 2016 年、2017 年环比增长率分别为 10.12% 和 16.26%；全部社保费占营业收入的比重分别为 1.25%、1.22%、1.28% 和 1.53%；全部税费负担占营业收入的比重分别为 7.46%、8.06%、9.22%、9.43%，根据数据可得 2016 年、2017 年税收及社保支出占营业收入环比增长率分别为 8.02% 和 14.44%。

该企业 2015—2018 年各类负担及盈利状况见表 6-20。

表 6-2　2015—2018 年案例企业各类负担结构状况　　　　单位：%

项目	2015年	2016年	2017年	2018年（1—10月）
增值税	4.22	4.15	4.67	4.66
消费税	0.01	0.00	0.02	0.04
城建税	0.26	0.26	0.30	0.31
企业所得税	1.41	2.15	2.67	2.54
土地增值税	0.00	0.00	0.00	0.00
城镇土地使用税	0.13	0.11	0.12	0.16
房产税	0.13	0.12	0.12	0.14
印花税	0.04	0.03	0.04	0.05
车船税	0.00	0.00	0.00	0.00
税收负担（总计）	6.20	6.83	7.94	7.90
基本养老保险	0.70	0.69	0.72	0.85
基本医疗保险	0.27	0.27	0.28	0.33
失业保险	0.03	0.03	0.03	0.03
工伤保险	0.02	0.02	0.02	0.03
生育保险	0.03	0.02	0.02	0.03
住房公积金	0.21	0.18	0.20	0.26
社保负担（总计）	1.25	1.22	1.28	1.53

如表 6-2 所示，就其内部税负布局而言，该企业的税费负担结构以增值税为主，其次为企业所得税与社保费。分项目来看，2015—2018 年增值税税收负担分别为 4.22%、4.15%、4.67%、4.66%，企业所得税负担分别为 1.41%、2.15%、2.67%、2.54%，社保负担合计为 1.25%、1.22%、1.28%和 1.53%，均总体上呈现稳中有增的态势。此种税负格局表明，在该企业的税负布局中，增值税为税负水平高下的主导因素，而相较于其他税费而言，所得税、社保费负担亦较为沉重。

进一步分析该企业各类税费负担的内部结构可以发现，其负担格局的形成，与制造业企业在正常生产经营活动中，厂房、设备等固定资产使用成本较高密切相关。此外，员工数量庞大、社保缴费基数偏高也是社保费负担居高不下的主要原因。而近年来国家加大减税降费力度，相继出台了一系列惠企减负政策为企业纾难解困。但从总体来看，案例企业实际减税效果并不明显，部分政策甚至对企业税费负担造成不降反增的效果。

第二节　企业税收优惠政策制定有效性的国别案例比较

德国是欧盟的核心成员国，也具有悠久的法律传统，在落实税收法定主义、规范税收优惠政策的制定与实施等方面具有较为丰富的实践经验。本节对中德两国企业税收优惠政策制定的有效性及主要特点展开比较分析。

中国与德国尽管经济发展阶段、税制结构、宏观税负等方面差异明显，但在税制设计、税收优惠内容等方面尚存在诸多相似之处。具体而言，德国的增值税税收优惠政策相对中国而言更为简洁，主要体现在：德国的增值税标准税率为 19%，低税率为 7%，主要适用于一些与居民日常生活息息相关的基本商品与服务（如食品、饮料、报纸、书籍、剧院、博物馆、音乐厅的入场门票等），外加一档零税率，选择以小规模纳税人计税的企业则不必缴纳增值税，也不需要进行增值税预先申报，由此，抵扣链条相对清晰，有利于保持增值税的中性原则。尽管中国近年来大力推行减税与简税并举的惠企降负措施，但增值税税率依然维持 13%、9%、6%以及零税率四档，小规模纳税人则适用 3%的征收率，同时，为了坚持行业税负只减不增，国家进一步出台相应的税收优惠政策进行补充，且多为原有营业税计税办法的平移，如小规模纳税人以及允许适用简易计税方式计税的一般纳税人可能适用的征收率包括 3%、5%、3%减按 2%、5%减按 1.5%等，以上复杂的税率级次极易导致产业链上各环节企业的进项税无法做到足额抵扣，加重企业的增值税负担，挤占企业的现金流。况且，中国90%以上的企业为增值税小规模纳税人，但仅有试点行业企业能够开具增值税专用发票，便于购货方进行进项税额抵扣，非试点行业企业从小规模纳税人处购进原材料所支付的进项税无法进行抵扣，也未必能够转嫁给下游企业，从而抬升增值税的实际税负水平。值得注意的是，尽管德国与其他欧盟国家一样遵循统一的欧盟增值税框架，但欧盟各成员国可以制定本国的增值税率，例如，增值税标准税率最低的是卢森堡（17%），最高的是匈牙利（27%），丹麦、克罗地亚、瑞典等国增值税标准税率也大于等于25%，换言之，在欧盟统一市场内部各成员国间的差异税率也可能影响到企业增值税进项税额的充分抵扣问题。

德国的增值税制规定，企业若被认定为小规模纳税人则不必缴纳增值税，购进原材料也不允许抵扣进项税。这一规定与中国类似，但德国企业小规模纳税人的认定标准为年营业额17 500欧元，远远低于中国年应征增值税销售额500万元及以下的小规模纳税人认定标准，表明德国绝大多数企业在计征增值税时适用的是规范的购进扣税法，更易于发挥增值税普遍征收、公平税负、避免重复课税的优良特点。

一、中德企业税收优惠政策制定组织基础的比较分析

在中国，中央政府是税收优惠政策制定的组织基础，因此，多数税收优惠政策也是以行政法规的形式出台。企业税收优惠政策制定过程中的相关利益主体包括国务院、各部委（包括财政部、国家税务总局、工信部、科技部、国家发展和改革委员会）、政府与非政府的研究机构、代表商业或产业利益的协会、国有企业或大型私有企业的代表以及专家学者等个人。政策制定的过程可总结为：自上而下授权、由下而上负责、兼顾内外部咨询意见、不同利益相关者的协调、各部委间必要的一致意见、由中央行政机构进行批准。

德国的政策制定过程可被归纳为：多方利益相关者参与，受利益集团与游说组织深刻影响，政党间竞争与合作，通过投票达成最终决策。与中国相似，企业税收优惠首先由行政部门带入政策议程，但政策需求的来源较为多元，包括了公民、利益集团、政治领袖及政府官员等。政策草案由行政机构相关部委完成。在草案拟定期间，部委通常会向利益集团征询意见。在提交至内阁之前，草案通常在部委之间流转以达成一致意见。否则，由内阁总理在不同部门间进行斡旋与协调，达成共识后将草案提交至议会审理。

二、中德企业税收优惠政策制定具体流程的比较分析

在中国，税收优惠政策动议需得到领导人的高度重视，例如，通过公文、专报、要报、内参等制度性的程序，其来源包括行政机关内部、官方的决策咨询机构或具有良好社会声誉的极少数社会精英、专家学者等。而后，由行政系统内部启动企业税收优惠政策的制定程序。司局内部联合相关的官方科研机构、智库等对政策议题开展研究并形成政策建议的简报，进而向分管领导汇报。分管的部委领导认可后报呈部长或针对重大议题进一步上报国务院，得到批准后正式启动企业税收优惠政策的制定程序。企业税收优惠的草案创制工作主要由财政部、国家税务总局牵头并完成。草案拟定过程通常还融合了官方研究机构、国内顶尖科研单位、智库等的意见及成果，并受到行业协会等利益团体的影响。待形成政策文件的征求意见稿后，以财政部、国家税务总局为代表的政策起草部门（制定部门、牵头部门）开始对外征求意见，涉及其他部委、专家、学者、企业代表、行业协会等。而后，政策议案进入上级部门的审议与决策阶段。若该项政策涉及多个职能部门，则需要各部门会签同意后提交审议。通常来说，以国务院名义发布的企业税收优惠政策需经由国务院常务会议审议批准，须先经分管副总理协调或审核后报总理确定。由部委发布的企业税收优惠政策则主要由部长办公会审议批准。

在德国，政策草案首先提交至联邦参议院进行审议，而后提交至联邦议院。联邦议院的大部分工作由专门委员会完成，其成员由各个党派选举产生。在此阶段，利益集团可通过提交意见或举行公开的听证会从而对决策产生影响。如存在冲突，委员会通常会进行内部协商以达成合作或妥协。上述意见最终反映在议案的修订版或修正案中。当草案由委员会通过后，联邦议院对草案进行二次审议。联邦议院通常会召开辩论会对政府提议的草案进行公开辩论，各党派、各政治领袖各抒己见。此后，草案进入第三次审议，而后进入最终投票环节。但需要注意的是，个人的投票结果与党派意见紧密相连。最终投票结果决定了议案是否在联邦议会得到通过。

三、中德企业税收优惠政策制定的主要特征比较分析

总体而言，中国与德国在企业税收优惠的政策制定过程中存在一定相似之处。行政机构，无论是中国的中央行政机构国务院，抑或是德国的联邦政府，在政策动议、草拟、协商和修正等方面发挥了关键作用。而且，决策过程均受到利益相关者及内外部意见的深刻影响。因此，中德两国的企业税收优惠决策过程均体现

出明显的去中心化及分权特征。

尽管如此，中德两国在决策架构、各方参与的功能与作用、决策结果的达成等方面仍存在差异。具体而言：

对中国来说，国务院在企业税收优惠政策的制定过程中发挥了重要作用，且政策过程通常发生在行政机构的内部。其优势是政策目标明确，政策手段灵活，能够及时回应政策需求，也相对容易地在各方利益相关者之间达成共识。在德国，联邦议院与联邦参议院作为立法机构，事实上在决策过程中成为行政机构的制衡力量，并为所有利益相关者提供了辩论、沟通、协商的政策舞台。这些利益相关者包括：政府组织、学术专家、公共或私人研究机构、企业或行业代表、贸易联盟代表甚至消费者保护组织。为增强企业税收优惠政策制定过程的规范性、透明性以及公平性，2021年3月，德国议会通过了《联邦德国游说法案》，旨在从立法角度提升个人与组织影响政府法律与政策制定的透明度，这既包括公民社会，也包括大公司在政府决策中所发挥的作用。游说者需要依据法规在议会进行注册并公开相关信息，未来的游说活动也需要遵循特定的公开、透明、诚实、正直等原则，并接受公众的监督。以德国的新能源政策为例，2011年福岛核电站发生泄漏事故后，默克尔政府推行关闭德国核电站的政策。虽然遭到能源行业代表的强烈反对，但这项政策在出于保护环境的考量外，同时也开启了德国制造业走绿色发展道路的新章程。此后，德国制造业企业逐步将核能源有关的企业份额出售给跨国合资公司。

第三节　企业税收优惠政策实施有效性的典型案例分析

企业为遵循政府制定的一系列规章制度所付出的成本被称作制度性交易成本，属于影响企业负担的非市场性因素，与税收优惠政策实施的有效性具有密切关联。为此，本节通过典型案例的选取，对企业在申报享受税收优惠过程中所遇到的问题、成因及效应进行分析。

一、企业税收优惠政策实施有效性的典型案例分析

案例一：位于湖北省武汉市的机电设备生产制造商A，凭借先进的生产技术，在2013年已获得行业内较高的市场份额。该企业本想通过高新技术企业认定，享受研发费用加计扣除的税收优惠，使企业获得更快的发展。彼时，该企业已取得

相关材料与申请文件。但是,环保部门对该企业进行环评时却发现,该企业的排污处理设施未达到 ISO9000 等相关的认证,也使得企业无法完成高新技术企业认定。该企业所属的工业园区按照复杂规定统一提供排污设备,企业多次与工业园区交涉,但排污处理设备运行成本较高,若由企业单独运行,则难以独立承担相关费用。无奈之下,企业只能放弃申请,从而无法享受到相关税收优惠政策。

案例二:某新兴的商贸企业主 B 近年来由于业务发展迅速,企业规模不断扩大,在 2014 年由小规模纳税人申请成为一般纳税人。但随着其业务量与开票量不断增大,原来税务机关核准的票额已无法满足其需要,该企业多次奔波于税局与公司,开票效率较低,且审批时间较长。甚至在某些月份,该企业由于签订的合同金额高达几千万元而不得不雇佣专门的财务人员来开票。除此之外,若企业开票的面额较小,在市场竞争中占据不利地位,对商业伙伴与该企业的合作带来负面影响。可见,制度性交易成本的高企,将直接影响企业享受税收优惠政策的有效性。

案例三:某建筑安装类企业 C,其生产的原材料主要为河砂石、水泥等。对于上述原材料,企业通常就近向小规模私营业主购买,以节约经营成本。由于小规模纳税人的私营业主不具备一般纳税人资格,无法取得增值税专用发票,因而抬升了建筑安装企业 C 的生产成本。同时,在市场竞争环境下,不具备开票资格的小规模纳税人即使与其竞争对手在同等产品、质量的条件下,也会因为无法开票而居于不利地位。该案例同样表明,行政性负担、制度性交易成本对企业申报享受税收优惠政策具有不利影响。

二、企业税收优惠政策实施有效性典型案例存在的问题

上述案例反映出,在我国企业税收优惠政策的实施过程中:部分税收优惠的申请流程复杂、税务机关对企业申领发票的管控过于严格、税收优惠备案制下涉税风险最终转嫁至企业,导致企业在申报享受税收优惠过程中的制度性交易成本高企。具体而言:

第一,对于众多小微企业经营者而言,申报享受税收优惠需提供大量材料,申报程序烦琐复杂,反复奔波或半途而废的情况时有发生,申请成本大于收益,最终只能选择放弃;其次,即使企业了解某项优惠政策,由于政策实施过程中税务、环保、工商等相关部门不了解企业实际情况,缺乏协调,难以系统性地给予企业发展支持,也导致企业难以真正享受到优惠。

第二,长期以来,税务机关一直通过以票管税实现对企业的纳税管控,但在

实际操作过程中,"领票难""用票难"成为一些中小企业主反映的突出问题,纳税人初次领用、再次领用、增量和票种变更,都必须要经过严格的审批检查程序,降低了企业的生产经营效率及企业与商业伙伴的合作关系。

第三,增值税进项税额抵扣难是许多中小企业面临的另一个难题。现行增值税一般纳税人的认定标准偏高,而达不到上述标准的小微企业,开具增值税专用发票手续烦琐、较为困难,既抬高了购货方的经营成本,也冲减了税收优惠的政策实效。

三、企业税收优惠政策实施有效性存在问题的成因及效应

上述问题的成因及效应可从以下方面展开分析。第一,增值税发票管理方面,纳税人类别与发票种类烦冗杂碎,纳税主体分类众多导致发票种类各异。因此,为防止纳税人利用税收漏洞偷逃税款,税务部门则需要加大征管力度,一方面增加了税收执法成本,另一方面为堵塞漏洞应运而生的复杂办税程序再度加剧了企业负担。

第二,小规模纳税人占增值税纳税人的比重偏高,导致进项税额抵扣链条受阻,不利于各类型纳税人正常开展交易,或导致小规模纳税人的下游企业因无法获取专票而不能抵扣进项税额从而抬升税收负担。

第三,目前,企业所得税优惠事项管理方式已由审批制转为备案制,企业可通过"自行判别、申报享受、相关资料留存备查"的方式办理税收优惠,但问题是,在税收征纳实践中,征纳双方及第三方审计机构往往对政策具体条款的理解存在偏差,而相应的涉税风险大多最终转移至纳税人一方,由此导致部分企业不愿申报、也实际未能享受到国家推出的所得税政策优惠。

第七章

提升税收优惠影响企业微观主体行为有效性的政策建议

实质性、普惠性降低企业负担,对于遏制经济"脱实向虚"、振兴先进制造业而言具有极为重要和迫切的现实意义。而增强企业税收优惠政策影响企业微观主体行为有效性的操作路径,主要体现在政策设计、纳税服务以及相关配套改革措施等方面。

第一节 以科学简化的税收优惠政策设计推动企业实质性减负

承前文实证分析所述,当前税收优惠政策对企业微观主体行为的效应具有异质性。因此,基于政策过程的视角,仍有必要在新一轮普惠式、实质性减税降费的背景下,增强企业税收优惠政策内容的有效性,从而为各类型市场主体创造公平公正的营商环境,以及明确的、一视同仁的竞争规则。具体可从目标定位、总量控制、结构优化、效益评价四方面进行阐释。

一、目标定位:寓税收优惠的规范管理于税制优化的顶层设计

理论和实践表明,当前和未来,我国减税的核心和落脚点应该是:尽快通过"简税"实现"减税"。所谓"简税",主要是指,借助数字化的征管技术,使税制安排趋于简明和公平、税收征管程序趋于确定和便捷,实质性降低纳税人的税费

负担、遵从负担等，从而增强企业纳税人的减负"获得感"。

（一）继续简并增值税税率级次并降低其名义税率水平

尽管营改增现已全面完成，但当前的增值税征收制度与理想、规范的增值税税制，即普遍征税、环环征税、单一税率、没有税收优惠的理想状态，仍存在一定距离。

目前，增值税名义税率已简并至13%、9%和6%三档，且税率级次三档并两档已成为明确的改革方向。而基于增值税进项税额在货物流转过程中环环抵扣的链条机制，迫切需要尽快清理当前低效、零散、繁杂的税收优惠政策，还原增值税抵扣链条的连贯、完整，使各类型企业适用相同的税率与计税办法。

此外，从营改增全面推开后的现实状况来看，因税前可抵扣项目有限而导致企业税负上升的情况仍然一定程度上存在。因此，有必要大力提升一般纳税人的总量规模，减少小规模纳税人比例，同时，允许企业对正常利率标准内购进的金融服务实施税款抵扣，以降低企业融资成本。

（二）对小微企业免征企业所得税

在当前经济运行驶入下行通道之际，如何切实为小微企业"松绑"，改善其市场竞争环境被摆在十分重要的地位。第一，小微企业多分布于批发零售、生产加工、建筑、交通运输等充分竞争行业，且经营规模小、人员有限，而普惠性、实质性的税费减免能够使其直接受益，尤其是考虑到在我国全部的增值税纳税人中，发达地区的小规模纳税人占比已逾八成，欠发达地区这一比例应当更高，因此，从现实来看，本轮减税降费中针对小微企业的政策红利覆盖面更为广泛、影响更为深远；第二，小微企业是稳定就业的主渠道，对小微企业的实质性让利能够助推"保就业、稳增长"的宏观政策目标的实现；第三，小微企业所处的行业均与居民衣、食、住、行等日常生活息息相关，因此，减轻小微企业的税费负担还能够借助于降低生产者负担从而让利于消费者，起到扩大内需的作用；第四，纳税服务的进一步优化，便于降低小微企业在申报享受税收优惠过程中的制度性交易成本。因此，可考虑对小微企业完全免征企业所得税，从而进一步将减轻企业税负落到实处。

（三）简化、健全增值税发票管理程序

综括来看，增值税发票管理存在的问题可从制度和执行两个层面进行分析。

因此，从增强税务管理的效能来看，目前增值税发票管理程序方面存在的主要问题，既有制度层面的因素，也有执行层面的因素。因此，除对增值税制进行科学设计外，税务部门还应强化主动担责、服务纳税人的意识，充分利用信息化手段，建立高效联动的风险防控机制，加强日常评估及后续监控管理，提升后续监控的及时性和针对性，跟踪分析纳税人发票使用及纳税申报情况，精准识别高风险纳税人并及时采取措施。同时，扩大增值税专用发票电子化的适用地区及纳税人范围，通过大数据治税、智能化征管进一步提高纳税人办税流程的便利度，优化企业的纳税营商环境。

二、总量控制：清理整合已有政策，形塑公平合理的税负结构

社会公平与公正是决定经济领域公平与否的最为重要的价值基础。同时，公平还指从公正的角度出发去平等地对待每一个与之相关的对象，如在对待两个或两个以上的对象时，要视同一律、不偏不倚。换言之，作为基本价值观的公正与公平，是现代社会，尤其是构建统一开放、竞争有序的现代市场体系，在基本制度安排上所必须坚持的最为重要的价值观和内在要求。因此，普惠式、实质性的减税方案，要求清理、规范、整合已有的企业税收优惠政策，对企业税收优惠政策的规模进行总量控制，从而为各类企业打造公平的起跑线，并合理引导市场预期，提振市场主体信心，使其在优胜劣汰的充分竞争中优化资源要素配置，推动经济的高质量发展。

具体而言，以税收法定主义原则为核心，规范与控制税收优惠政策的制定权限。例如，未经国务院批准，各部门不得擅自规定具体的税收优惠政策。例如：越权减免税，以支出代减税，针对区域、行业、企业规模及所有权性质颁布特惠型税收优惠；先征后返、列收列支、财政奖励或补贴，以代缴或给予补贴等形式减免土地出让收入，通过财政奖励或补贴等形式吸引其他地区企业落户本地或在本地缴纳税费，对部分区域实施的地方级财政收入全留或增量返还等。由此，应避免因税收优惠过多、过滥而削弱整体税制的权威性、完整性与稳定性，甚至取代税法一般条款的主体地位，从而导致税收宏观调控的作用难以有效发挥。

三、结构优化：强化税收优惠培育创新发展新动能的导向作用

清理、规范企业税收优惠政策，主要是对已有庞杂、过量的税收优惠政策进行梳理与归类，并合理把握企业税收优惠政策的调控方向与力度，避免因税收洼地的普遍存在而打破税收均衡，阻碍区域经济、不同所有制经济在公平竞争的基础上协调发展。

因此，应在对企业税收优惠进行总量控制与立法程序规范的基础上，将执行效果好、具有普适性、有利于提升经济社会总体发展水平的税收优惠特殊条款转为一般性，从而使税收优惠尽可能惠及更多纳税人；同时，取消差异性、临时性、碎片化、执行效果欠佳、特惠性意图明显的税收优惠政策；没有法律法规障碍，确需保留的优惠政策需经省级以上人民政府会同财政部门审批后，报请国务院批准。

另外，立足新发展阶段、贯彻新发展理念、构建新发展格局，要求企业税收优惠政策的施力指向更加侧重于科技创新与研发活动。这是因为，当前，创新已成为形成企业核心竞争力的重要来源，也是企业在日益激烈的市场竞争中占据不败优势的关键所在。然而，企业的创新活动本身具有极强的正外部性与溢出效应，因此，客观上要求以财税政策加大对企业科技创新的内生激励，以适当补偿其在前期技术研发过程中资金、人员、时间等方面的高投入，避免或减轻研发活动的高投资、高风险可能为企业带来的负面影响。

四、效益评价：健全企业税收优惠政策效果的评估与监督机制

税收优惠是政府对宏观经济运行进行调控的重要手段，但是，该政策工具的运用在发挥自动稳定器从而熨平经济波动，或相机决策从而拉动经济增长、扩大就业的同时，也带来相应的纳税人遵从成本与税务机关的管理成本。因此，对企业税收优惠政策的有效性进行效益评价，有赖于量化评估企业税收优惠政策实施的成本收益，并对企业税收优惠的政策执行进行事后评判与监督。

第一，建立税收优惠政策事后评估和退出机制。各级财政、税务机关应当对企业税收优惠政策的执行收益与成本进行定期评估，对于成效显著且具有普适性的税收优惠政策可以考虑在全国范围内扩大、推广；对于已达到执行期限的税收优惠政策，应在效益评估后决定停止执行或延长；对于执行效果不彰的税收优惠政策应考虑进行调整甚至终止。

第二，健全税收优惠政策有效性的考评监督机制与信息公开制度。一方面，通过建立相应的税式支出预算对企业税收优惠政策的实际效果进行成本-收益分析，并由各级人民代表大会进行审查，从而增强企业税收优惠政策制定与实施的规范性与透明度。另一方面，将税收优惠政策的制定、调整或取消等信息形成目录清单，并以适当形式及时、完整地向社会公开，并接受公众监督。

第三，强化责任追究机制，通过定期检查和问责及时查处并纠正违规制定企业税收优惠政策的行为。

第二节 以便捷高效的纳税服务推动企业
遵从成本的实质性降低

良好的税收营商环境有助于提升企业税收优惠政策的有效性，并推动经济的高质量发展。近年来，我国的税务部门在优化纳税服务方面取得了积极成效，在世界银行最新公布的《营商环境报告》（2019）中各项排名也在不断上升，反映出政府出台的一系列降低企业制度性交易成本的政策措施已取得一定成果，未来可从如下方面进一步完善，从而以便捷高效的纳税服务推动企业遵从成本的实质性降低。

一、创设一视同仁、公平公正、开放透明的纳税营商环境

税收优惠是政府应对市场失灵、调控宏观经济运行的重要政策工具。由此，税收中性原则与税收调控功能理应是协调一致的。但是，税收优惠是一种国家干预调控措施，应有适度的界限，否则将对市场形成过度干预和误导。因此，提升企业税收优惠政策的有效性，要求以制度环境的规范与优化，使更多的市场主体轻装上阵，充分迸发竞争活力。具体而言，企业开办、营运到结束整个生命周期的全过程中所面临的法律监管与实施，包括获得电力、信贷、纳税等在内的各项外部条件，均应按照竞争中性的原则，对各类所有制、不同规模、不同地区的企业全部平等对待。同时，应构建起"亲""清"新型政商关系，健全政企沟通机制，激发企业家精神，让企业家安心搞经营、放心办企业，集中精力做研发，搞创新，开拓市场，优化创新生态，进一步提升创新能力和效率。

二、提升税收优惠政策制定的规范性、稳定性及可预期性

《中华人民共和国立法法》第八条、第九条规定，包括税种、税率、税收征管在内的税制要素只能由法律加以确定。其他事项可由全国人民代表大会及其常务委员会决定，或是授权国务院制定行政法规。由此可见，根据税收法定原则和法律保留原则，税收优惠政策可以由法律规定，也可以由国务院加以规定，但地方权力机关及地方政府却无权制定。而在事实上，地方政府出于招商引资、吸引流动税基、增加本地财政收入、促进区域经济增长的考量，存在针对特定企业的特

殊性税收优惠政策。例如，降低个人独资企业的核定征收率，对投资规模超一定比例的项目甚至采取"一事一议、一企一策"的办法进行奖励，且上述地方性税收优惠政策并不会公开披露，而这是造成不同企业间税收待遇有别、地区间税收竞争、政府财政收入流失、企业实际税率与名义税率长期背离的主要原因之一。

因此，应兼顾地方政府经济增长、中央税权的统一性以及企业税收优惠政策的总体有效性，应进一步规范与明确地方税政管理权的层级与边界，包括税收立法权、收入权与税收征管权等。例如，先从由地方负责征收的税种入手，通过税收优惠政策的备案审查制度对企业减免税、退税、税收豁免等进行规范与限制，从而保障企业税收优惠政策的合法性与合理性。地方性税收优惠的形式方面，避免出台"通知""决定""办法"等非正式规范性文件，而是以更具稳定性与法律效力的法律形式颁布，从而避免地方政府在税收优惠政策制定中的过度干预，维护税法的权威、统一与稳定。

三、通过以数治税、智慧管理推动税收优惠政策直达快享

统一是公平公正的直接体现，二者直接相关，但是否实行统一的政策，更多关乎能否认可并真正奉守"公平公正"的理念，同时，确定、简便还受制于立法技术、立法本身的科学性，与实践的吻合性等诸多因素，且不确定、不简便较之不公平后果可能更为恶劣。因此，深化普惠式、实质性减税，还要尽可能制度化、明朗化，以提升企业税收优惠征管环节的稳定性及规则感。

因此，在执行税收优惠政策的过程中，首先应削减不必要的许可、评估、审批、认证、年检等项目，进而通过审批机构的精简与整合、创新电子政务的方式方法提高税务部门的行政效率，同时，精简涉税资料报送，实行涉税资料清单管理，推动涉税资料电子化，从而切实简化企业的纳税流程，缩短企业的纳税时间；此外，强化政府责任意识，确保各项举措落地生根、不走样、不变形，从而充分释放改革红利，切实增强企业的获得感。

第三节 增强企业税收优惠政策有效性的配套改革措施

从预算管理角度看，增强企业税收优惠政策有效性的配套改革措施主要包括：清晰界定企业税收优惠预算管理范围和方式、定期编制系统规范的企业税收优惠预算报告、对企业税收优惠的预算执行进行审查与监督。

… 第七章　提升税收优惠影响企业微观主体行为有效性的政策建议

一、清晰界定企业税收优惠预算管理范围及方式

量化考核税收优惠政策实施绩效的前提是，清晰界定税式支出预算管理的范围和方式，进而厘清全国及地方层面的各类型税收优惠项目，包括涉及税种、优惠对象、优惠方式、减免税的金额等。以美国为例，税式支出是纳税人在纳税申报前提前扣除、排除、抵扣的所有项目。而从税式支出的度量来看，可采用收入放弃法，即计算纳税人的行为在税收优惠政策实施前后应纳税额的增减变化。

在信息采集阶段，基于税收优惠的统计需求，可进一步拓展"金税三期"系统的功能，运用计算机网络、区块链及大数据技术对企业税收优惠的信息进行更为准确而全面的采集、分析与运用。与此同时，结合接入第三方信息源对企业的税收优惠信息进行交叉比对、自动统计与分析，从而为政府制定税式支出预算草案提供数据依据与决策参考。另外，促使税收优惠政策切实惠及每一个符合条件的纳税人，从而有效降低税务机关的征管成本与纳税人申报享受税收优惠的遵从成本。

二、定期编制系统规范的企业税收优惠预算报告

尽管学术界尚未对税式支出的概念界定达成一致，但量化评估税收优惠政策是国家对税收政策与预算政策实现全面控制的必要手段，其实现方式为：通过定期编制系统规范的税式支出预算报告，集中呈现税收利益减让的规模和结构，并完整描述政府出台税收优惠政策背后的经济、社会、环保等目标，进而对企业税收优惠政策的实施效果进行动态评估与绩效分析。例如，美国相关法律规定，联邦政府年度预算中必须包括一系列税式支出表，每年财政部税收分析局（OTA）和国会税收联合委员会（JCT）共同发布的有关个人和公司所得税政策，都包括税式支出的内容。

我国可选择将税式支出报告作为预算文件的附件、财政补贴报告、单独的预算报告或预算文件，对税收优惠的总体规模及细分结构等加以量化，便于人民代表大会及社会公众明晰各项税收优惠政策的税收成本，从而为税收优惠政策的出台及优化提供决策参考。从信息统计制度的范畴来看，应将现行的各类型税收优惠，包括税收法律、行政法规、税收规范性文件等全部纳入税式支出预算的考量，逐项列明政策代码、出处、优惠方式、政策内容、享受税收优惠的单位性质、行业类别、收入利润等财务信息、减免税额、计算方法及说明、所需数据获取来源、模型设定、各税种税式支出计算原理及说明等。由此，推动自上而下制定和实施

税收优惠政策从而吸引投资、拉动经济增长，转变为通过编制税式支出预算从而清晰展示政府向纳税人减让税收利益的总体规模与细分结构，凸显有效税收优惠激励性政策的正当性，遏制效果欠佳的企业税收优惠规模无序膨胀与政策效果的互相抵消。

三、对企业税收优惠的预算执行进行审查与监督

建立健全税收优惠的预算管理制度，要求明确划分预算管理权限，并将税收优惠的预算管理程序纳入人民代表大会预算审查、监督与评估的范围。税式支出作为政府应收未收的税款，并非仅让企业获得租税减免的优待，而是要付出庞大成本，可能牵涉政策公平性与效率性。立法机关可从税收优惠是否具有明显的特惠性、是否对企业公平竞争构成潜在威胁等方面对税式支出项目进行评估，若项目未达成政策目标，则应进一步分析税收优惠有无延续的必要；若税收优惠能够带来实施收益，则应进一步研析其成本、税收损失金额、财源筹措方式、实施年限、绩效评估机制等。对税式支出的预算执行进行审查与监督的意义在于，检视税式支出的预算执行情况，动态修订现有数据分析模型，适时调整当前的税式支出政策，从而确保企业税收优惠政策实施的可行性及有效性。

研究结论与展望

本书基于企业行为的微观视角,借助税收学、公共管理学、新制度经济学相关理论,通过理论分析、现状分析、实证分析、调研案例分析等,研究税收优惠影响企业微观主体行为的有效性。

主要研究结论是:第一,政策内容上,尽管宏观数据表明,以减税为主要内容的积极财政政策效能不断提升,但是,微观层面的减负效果在企业间具有明显的分化,反映出部分税收优惠措施在落地过程中还存在制度与执行层面的政策偏差;第二,政策制定上,改革开放以来,企业税收优惠政策在招商引资、地方经济增长、新老税制平稳过渡等方面确实发挥了重要作用,但政策制定存在行政化与部门化倾向,政策内容突出区域与产业导向,以至于政策出台具有鲜明的局部性、临时性、差异化特点,协同性不强,其结果是,资源配置效率不佳,公平性缺失;第三,政策实施上,当前,企业承担的制度性交易成本正呈现隐性化增长态势,导致部分企业不愿申报、也实际未能享受到国家推出的政策优惠,从而对税收优惠政策影响企业微观主体行为的有效性形成制约。

本研究与近几年中央对减税降费工作的部署精神高度一致。承前文所述,提升企业税收优惠政策的有效性,一是政策内容上更加体现普惠性与实质性,政策制定上更具有规范性、稳定性,政策实施上突出直达快享的效率和便利度。二是继续落实"简税制、宽税基、低税负、严征管"的税制优化思路。上述操作路径与2022年《政府工作报告》中提出的"组合式减税降费""阶段性措施与制度性安排相结合"提法相契合。

本书的创新点主要体现在研究视角创新,具体如下。

第一,聚焦于企业税收优惠政策制定与实施的有效性。

以往对企业税收优惠政策的研究大多基于宏观视角,重点关注其对于地区经济增长以及产业结构优化的作用,或者从研发创新的单一层面出发探究企业税收政策的社会经济效应。本书则基于企业行为的微观视角，综合考虑企业税收优惠政策实施的收益与成本，并细化至企业投资行为、创新行为与环保行为三方面，实证检验税收优惠影响企业微观主体行为的实际效应，是对已有研究的进一步拓展。

第二，丰富了对企业税收优惠政策有效性影响因素的探讨。

以往研究大多关注税收优惠的具体形式对企业税费负担及经营绩效的影响，除上述经济因素以外，本书将企业税收优惠政策制定的规范性、企业税收优惠政策实施的便利性等非市场性因素考虑在内，进一步挖掘当前企业税收优惠政策总体规模失控、效力级别偏低背后的问题及成因，从而构建起企业税收优惠政策有效性完整的理论分析框架，是对已有研究的补充与深化。

第三，利用自然语言处理工具等文本分析的量化研究方法，展示了当前企业税收优惠政策制定与实施的现状。

以往研究大多采用规范分析法对企业税收优惠政策的演进逻辑进行梳理总结，定量分析则相对较少。本书则直接取材于企业税收优惠的政策文本库，归纳总结企业税收优惠政策制定的效力级别现状，税种及税类现状，优惠对象及优惠方式、优惠水平等，进而概括出实质性、普惠性减税降费下企业税收优惠政策转型的主要特点，是对已有文献的改进与完善。

需要注意的是，我国目前已进入高质量发展阶段，制造业从中低端向中高端迈进，客观上要求建立现代税收制度，为各类型市场主体搭建一视同仁、公平公正、开放透明的竞争环境。对此，本研究存在的不足，以及未来可进一步拓展的方向包括：第一，对于企业税收优惠制定与实施存在的效用减损、成本与收益，可进一步研究量化评估的方法与方案；第二，对于应用 IAD 分析框架探究企业税收优惠政策制定的行动场景、行动舞台，参与者行为、互动模式及最终产生的结果等研究有待进一步深化、细化；第三，将提升企业税收优惠政策有效性的操作路径，置于现代税收制度的总体框架下，从而厘清政府的职能与边界，推动有效市场与有为政府相结合，并从决策机制与纳税服务等方面全方位提升税收治理的水平与能力。

后记

江城五月，夏山如碧。自步入大学起，漫漫十一载求学路，终于临近尾声。悉数过往，我心怀感激。

首先，我要将崇高的敬意致以恩师庞凤喜教授。导师为人正直，治学严谨，精益求精，在教学、科研、生活上是我的榜样。工作上，庞老师对待科研的兴趣与热情始终如一，深厚的专业功底和求真求实的科学精神令人钦佩。正是出于对财税领域现实问题的持续关注、对学术前沿的敏锐把握，导师称得上是心怀天下、真正"把论文写在祖国大地上"的长者。生活上，庞老师对我的帮助和建议更使我由衷感激、受益终身。云山苍苍，江水泱泱；言传身教，师恩难忘。

同时，我也要将诚挚的感谢致以柏林自由大学的 Bolle 教授和 Schneider 女士。有幸到异国学习交流，并受到导师和夫人如亲人般的招待。教授对于科学的执着追求、对学生的鼓励和引导、丰富传奇的人生阅历、坚忍不拔的品质，尤其是对中国的尊重和友善，使我深受感染。这一年的海外经历对我个人成长而言意义非凡，不仅拓展视野、拓宽格局，更让我自信从容、富于社会责任感，也激励我在未来的工作中虚心钻研，以开放包容的胸怀向世界讲好中国的改革故事。

其次，感谢论文开题、答辩过程中给予我宝贵修改意见的陈志勇教授、胡洪曙教授、薛钢教授、艾华教授、毛晖教授、詹新宇教授、祁毓副教授等，感谢在行政事务上为我们费心费力的杨柳老师、程明梅老师、袁媛老师、邹忻良老师等。感谢一路走来对我为人、处事、做学问予以欣赏和肯定的领导和前辈，你们的支持与信任是我前进道路上不竭的动力。

再次，感谢博士在读期间在学习与生活上给予我无私帮助的刘畅师姐、杨雪师姐、赵明洁、赵亮同学，以及在求职期间向我传授经验、出谋划策的陈念平博士、徐文芸博士、刘彦龙博士及好友杨一熠等。向远在德国求学的好友温珂晴、余翛然、孟晨波、王凡等致以亲切的问候，愿各位早日学成归国，青梅煮酒，再论英雄。

最后，感谢我的伴侣薛金刚对我毫无保留的爱与包容。相守不易，但也让这份感情更为稳固、让我们更加理解和珍惜彼此。愿为出海月，作归山云。希望我们作为世间最平凡的夫妻，凭借努力闯出一片属于自己的天地。感谢父母对我学业一如既往的支持，淳朴善良、宽以待人的家风是我一生最宝贵的财富。

  雄关漫道真如铁，而今迈步从头越。我时常感慨，总能在人生的关键节点遇到贵人。虽近而立之年，却依旧对探索未知世界充满热情。有幸继续留在校园里工作，所不同的是，这份学生时代的青春记忆即将转化为一份教化人伦的责任。但我想，眼中有山河万里，行而不辍，未来可期！

牛　力

2022 年 4 月 30 日于南湖畔

参 考 文 献

白旭云，王砚羽，苏欣，2019. 研发补贴还是税收激励——政府干预对企业创新绩效和创新质量的影响［J］. 科研管理，40（6）：9-18.

包健，蒋巡南，2017. 高新技术企业税收优惠效应分析［J］. 科学管理研究，35（6）：82-84+101.

毕茜，李虹媛，2019. 绿色税收优惠能促进企业绿色转型吗［J］. 贵州财经大学学报，（4）：89-99.

曹平，王桂军，2018. 选择性产业政策、企业创新与创新生存时间——来自中国工业企业数据的经验证据［J］. 产业经济研究，（4）：26-39.

曹书军，刘星，张婉君，2009. 财政分权、地方政府竞争与上市公司实际税负［J］. 世界经济，（4）：69-83.

曹胜亮，2020. 我国地方税收优惠政策的检视与法律治理——以竞争中立原则为指引［J］. 法商研究，37（5）：61-74.

陈东，邢霂，2020. 税收优惠与企业研发投入：内部控制的视角［J］. 现代经济探讨，（12）：80-90.

陈菲菲，靳卫东，刘敬富，2022. 加计扣除政策能提升企业创新收益吗［J］. 贵州财经大学学报，（5）：73-82.

陈玲，2011. 制度、精英与共识：寻求中国政策过程的解释框架［M］. 北京：清华大学出版社.

陈思瑞，2019. 中国制造业企业所得税间接优惠制度的完善［J］. 华南师范大学学报（社会科学版），（3）：153-159.

陈远燕，2016. 财政补贴、税收优惠与企业研发投入——基于非上市公司20万户企业的实证分析［J］. 税务研究，（10）：34-39.

陈运森，孟庆玉，袁淳，2018. 关系型税收优惠与税收政策的有效性：隐性税收视角［J］. 会计研究，（2）：41-47.

常晓晖，王梓涵，陈实，2021. 高新技术企业优惠政策的创新作用——基于新疆维吾尔自治区的实证分析［J］. 新疆社会科学，（5）：66-77.

程静，陶一桃，2020. 所得税税率优惠对企业投资偏好的影响［J］. 统计与决策，36（22）：143-147.

程瑶，潘旭文，2018. 专利税收优惠设计的国际比较与借鉴［J］. 财政研究，（2）：121-129.

程瑶，闫慧慧，2018. 税收优惠对企业研发投入的政策效应研究［J］. 数量经济技术经济研究，35（2）：116-130.

崔也光，姜晓文，王守盛，2017. 财税政策对企业自主创新的支持效应研究——基于经济区域的视角［J］. 经济与管理研究，38（10）：104-113.

崔惠玉，徐颖，张嘉洋，2022. 税收优惠、产业结构与地方财政可持续性［J］. 江海学刊，（5）：88-95+255.

褚睿刚，2018. 环境科技创新中的财税激励政策刍议——基于环境与经济双赢的视角［J］. 经济体制改革，（2）：6.

重庆市税务学会课题组，郑殿林，廖兵，谭兵，2017. 安置残疾人就业税收优惠政策：存在问题与完善思路［J］. 税务研究，（3）：53-55.

邓慧慧，虞义华，2017. 税收竞争、地方政府策略互动行为与招商引资［J］. 浙江社会科学，（1）：28-35+155-156.

迪克希特，2004. 经济政策的制定：交易成本政治学的视角［M］. 北京：中国人民大学出版社.

税收优惠影响企业微观主体行为的有效性研究

丁丁, 王云鹏, 2020. 论发展低碳经济的税收优惠制度[J]. 北京交通大学学报（社会科学版）, 19（4）：127-137.

杜兰英, 王硕, 余宜珂, 2017. 我国税收优惠政策对民营企业公益性捐赠的激励效用初探——基于资源依赖理论和社会交换理论的博弈分析[J]. 税务研究, （6）：85-88.

樊勇, 管淳, 2020. 加速折旧税收优惠政策对企业投资的激励效应[J]. 中央财经大学学报, （8）：3-13.

冯海红, 曲婉, 李铭禄, 2015. 税收优惠政策有利于企业加大研发投入吗？[J]. 科学学研究, 33（5）：665-673.

高楠, 于文超, 梁平汉, 2017. 市场、法制环境与区域创新活动[J]. 科研管理, 38（2）：26-34.

高炜, 黄冬娅, 2018. 关于中国国有企业"政治关联"的研究评述[J]. 上海行政学院学报, 19（3）：103-111.

管永昊, 杨奕, 张创, 2016. 促进企业创新的税收优惠政策研究[J]. 青海社会科学, （6）：98-103+118.

管金平, 2020. 地方税收优惠政策治理的理念重塑与制度回应[J]. 财经问题研究, （10）：83-89.

郭杰, 王宇澄, 曾博涵, 2019. 国家产业政策、地方政府行为与实际税率——理论分析和经验证据[J]. 金融研究, （4）：56-74.

韩国高, 张倩, 2017. 政府补贴、制度环境与企业研发投资[J]. 投资研究, （10）：19-33.

韩仁月, 马海涛, 2019. 税收优惠方式与企业研发投入——基于双重差分模型的实证检验[J]. 中央财经大学学报, （3）：3-10.

韩凤芹, 陈亚平, 2021. 税收优惠真的促进了企业技术创新吗？——来自高新技术企业15%税收优惠的证据[J]. 中国软科学, （11）：19-28.

韩凤芹, 陈亚平, 2020. 选择性税收激励、迎合式研发投入与研发绩效[J]. 科学学研究, 38（9）：1621-1629.

何代欣, 马昆姝, 王周飞, 2015. 扩大就业创业市场的财税政策取向[J]. 税务研究, （8）：10-14.

何凌云, 等, 2020. 政府补贴、税收优惠还是低利率贷款？——产业政策对环保产业绿色技术创新的作用比较[J]. 中国地质大学学报（社会科学版）, 20（6）：42-58.

贺宏, 2018. 慈善捐赠所得税扣除的制度思考[J]. 税务研究, 398（3）：114-117.

贺炎林, 张杨, 尹志超, 2022. 如何提高政府补贴贺税收优惠促进技术创新的有效性——来自中国A股上市公司的数据[J]. 技术经济, 41（9）：10-23.

侯欢, 2017. 软法与硬法之治：税收优惠规范化的模式选择[J]. 西南政法大学学报, 19（2）：67-75.

侯进令, 2018. 创新创业税收优惠政策的规范性审查[J]. 税收经济研究, 23（4）：64-71.

侯卓, 2019. 税收法定的学理阐释及其进阶路径[J]. 学习与实践, （7）：58-66.

胡华夏, 洪荭, 肖露璐, 刘雯, 2017. 税收优惠与研发投入——产权性质调节与成本粘性的中介作用[J]. 科研管理, 38（6）：135-143.

胡凯, 吴清, 2018. 税收激励、制度环境与企业研发支出[J]. 财贸经济, 39（1）：38-53.

胡慧芳, 欧忠辉, 唐彤彤, 2022. 财税政策对企业研发的影响实效——以战略性新兴产业为经验证据[J]. 东南学术, （5）：141-152.

黄惠丹, 吴松彬, 2019. R&D税收激励效应评估：挤出还是挤入？[J]. 中央财经大学学报, （4）：16-26+128.

参考文献

黄维娜，袁天荣，2021．实质性转型升级还是策略性政策套利——绿色产业政策对工业绿色并购的影响[J]．山西财经大学学报，43（3）：56-67．

黄一松，2018．政治关联程度、政治关联成本与企业税收优惠关系[J]．江西社会科学，38（2）：50-59．

黄志雄，徐铖荣，2020．税收优惠政策清理的价值取向、政策评估与顶层设计[J]．财经理论与实践，41（6）：79-85．

贾俊雪，2014．税收激励、企业有效平均税率与企业进入[J]．经济研究，49（7）：94-109．

贾先川，朱甜甜，2019．增强税收政策确定性的路径探析[J]．税务研究，（5）：110-113．

江苏省苏州市地方税务局课题组，等，2014．构建税收优惠政策管理一体化的实践与探索[J]．税务研究，（6）：81-83．

江希和，王水娟，2015．企业研发投资税收优惠政策效应研究[J]．科研管理，36（6）：46-52．

江笑云，汪冲，高蒙蒙，2019．研发税收减免对企业融资约束的影响及其作用机制——基于微观企业数据的实证研究[J]．财经研究，45（9）：57-70．

寇明婷，魏建武，马伟楠，2019．国家研发财税政策是否促进了企业的R&D活动[J]．科学学研究，37（8）：1394-1404．

匡小平，肖建华，2008．我国自主创新能力培育的税收优惠政策整合——高新技术企业税收优惠分析[J]．当代财经，（1）：23-27．

赖勤学，颜慧萍，2015．促进残疾人就业的税收政策探讨[J]．税务研究，（8）：20-25．

黎文靖，郑曼妮，2016．实质性创新还是策略性创新？——宏观产业政策对微观企业创新的影响[J]．经济研究，51（4）：60-73．

李彬，郑雯，马晨，2017．税收征管对企业研发投入的影响——抑制还是激励？[J]．经济管理，39（4）：20-36．

李炳财，倪骁然，王昆仑，2021．税收激励、风险投资与企业创新——来自政策试点的证据[J]．财政研究，（10）：63-76．

李建标，梁馨月，2016．民营企业是为创新而寻租吗？——基于税负的中介效应研究[J]．科学学研究，34（3）：453-461．

李林木，汪冲，2017．税费负担、创新能力与企业升级——来自"新三板"挂牌公司的经验证据[J]．经济研究，（11）：119-134．

李青原，肖泽华，2020．异质性环境规制工具与企业绿色创新激励——来自上市企业绿色专利的证据[J]．经济研究，55（9）：192-208．

李涛，刘会，田芮佳，万伟，2018．税收优惠、财务冗余与研发投资——基于门槛效应和IV-2SLS模型的实证分析[J]．投资研究，37（12）：4-16．

李万福，杜静，2016．税收优惠、调整成本与R&D投资[J]．会计研究，（12）：58-63+96．

李为人，陈燕清，2019．激励企业自主创新税收优惠政策的优化探析[J]．税务研究，（10）：40-44．

税收优惠影响企业微观主体行为的有效性研究

李香菊，贺娜，2019．税收激励有利于企业技术创新吗？[J]．经济科学，(1)：18-30．

李香菊，杨欢，2019．财税激励政策、外部环境与企业研发投入——基于中国战略性新兴产业A股上市公司的实证研究[J]．当代财经，(3)：25-36．

李晓萍，江飞涛，2019．中国产业政策的制定程序与组织机制研究[J]．比较，(3)：198-224．

李艳艳，2018．税收征管对研发费用加计扣除政策的影响效应分析[J]．税务研究，(11)：73-77．

李颖，2017．促进就业创业的税收激励机制研究[J]．税务研究，(10)：19-23．

梁俊娇，贾昱晞，2019．企业所得税税收优惠对企业创新的影响——基于上市公司面板数据的实证分析[J]．中央财经大学学报，(9)：13-23．

林木西，张紫薇，和军，2018．研发支持政策、制度环境与企业研发投入[J]．上海经济研究，(9)：35-48+71．

林小玲，张凯，2019．企业所得税减免、融资结构与全要素生产率——基于2012—2016年全国税收调查数据的实证研究[J]．当代财经，(4)：27-38．

刘畅，张景华，2020．环境责任、企业性质与企业税负[J]．财贸研究，31(9)：64-75．

刘畅，2019．企业税负对企业行为的影响机制及效应研究[D]．武汉：中南财经政法大学．

刘行，叶康涛，陆正飞，2019．加速折旧政策与企业投资——基于"准自然实验"的经验证据[J]．经济学(季刊)，18(1)：213-234．

刘慧凤，2019．税收优惠对文化资本配置的影响——基于文化企业并购视角的研究[J]．山东大学学报(哲学社会科学版)，(3)：44-57．

刘慧龙，吴联生，2014．制度环境、所有权性质与企业实际税率[J]．管理世界，(4)：42-52．

刘建民，唐红李，吴金光，2017．营改增全面实施对企业盈利能力、投资与专业化分工的影响效应——基于湖南省上市公司PSM-DID模型的分析[J]．财政研究，(12)：75-88．

刘骏，刘峰，2014．财政集权、政府控制与企业税负——来自中国的证据[J]．会计研究，(1)：21-27+94．

刘啟仁，赵灿，黄建忠，2019．税收优惠、供给侧改革与企业投资[J]．管理世界，35(1)：78-96+114．

刘田原，2020．环境税的税收优惠政策解析[J]．税务与经济，(5)：95-102．

柳光强，2016．税收优惠、财政补贴政策的激励效应分析——基于信息不对称理论视角的实证研究[J]．管理世界，(10)：62-71．

龙成志，BONGAERTS，2017．国外企业环境责任研究综述[J]．中国环境管理，9(4)：98-108．

罗党论，杨玉萍，2011．产权、地区环境与新企业所得税法实施效果——基于中国上市公司的企业税负研究[J]．中山大学学报(社会科学版)，51(5)：200-210．

吕敏，杨娜，2022．固定资产加速折旧税收优惠政策与中小企业成长性[J]．税务与经济，(6)：24-32．

马念谊，吴若冰，2014．产业税收优惠中的隐性税收问题研究——基于中国制造业的实证分析[J]．经济问题探索，(11)：53-59．

木其坚，2019．节能环保产业政策工具评述与展望[J]．中国环境管理，11(6)：44-49．

参考文献

欧阳天健，2016．论上海自贸区税收优惠法律制度的完善[J]．北京理工大学学报（社会科学版），18（6）：140-145．

潘孝珍，庞凤喜，2015．中国地方政府间的企业所得税竞争研究——基于面板数据空间滞后模型的实证分析[J]．经济理论与经济管理，(5)：88-97．

潘孝珍，2014．税收优惠对企业市场行为的影响研究[D]．武汉：中南财经政法大学．

潘孝珍，2017．高新技术企业所得税名义税率优惠的科技创新激励效应[J]．中南财经政法大学学报，(6)：103-111+160．

潘孝珍，2014．税收优惠对企业市场行为的影响研究[D]．武汉：中南财经政法大学．

庞凤喜，刘畅，米冰，2016．减税与减负：企业负担的类型与成因[J]．税务研究，(12)：65-70．

庞凤喜，牛力，2019．论新一轮减税降费的直接目标及实现路径[J]．税务研究，(2)：5-11．

庞凤喜，张念明，2016．宏观税负、税负结构与结构性减税研究[M]．北京：经济科学出版社．

庞伟，孙玉栋，2019．税收分享、财政努力与税收增长——基于政府竞争的视角[J]．山西财经大学学报，41（10）：1-14．

乔燕君，2018．中国税式支出的预算治理安排研究[M]．北京：中国经济出版社．

曲顺兰，武嘉盟，2017．我国慈善捐赠企业所得税政策激励效应评估——基于中国上市公司数据断点回归设计的数量分析[J]．经济与管理评论，33（1）：95-103．

申广军，邹静娴，2017．企业规模、政企关系与实际税率——来自世界银行"投资环境调查"的证据[J]．管理世界，(6)：23-36．

石绍宾，周根根，秦丽华，2017．税收优惠对我国企业研发投入和产出的激励效应[J]．税务研究，(3)：43-47．

水会莉，韩庆兰，2016．融资约束、税收激励与企业研发投入——来自中国制造业上市公司的证据[J]．科技管理研究，36（7）：30-36．

宋凌云，王贤彬，2013．重点产业政策、资源重置与产业生产率[J]．管理世界，(12)：63-77．

孙刚，2017．税收征管与上市企业资本性投资效率研究——来自地方政府违规税收优惠或返还的初步证据[J]．中央财经大学学报，(11)：3-17．

孙红梅，刘学之，2009．税收优惠政策指南[M]．北京：清华大学出版社．

孙玉栋，孟凡达，2016．我国小微企业税费负担及优惠政策的效应分析[J]．审计与经济研究，31（3）：101-110．

唐飞鹏，2017．地方税收竞争、企业利润与门槛效应[J]．中国工业经济，(7)：99-117．

唐飞鹏，2016．省际财政竞争、政府治理能力与企业迁移[J]．世界经济，39（10）：53-77．

唐红祥，李银昌，2020．税收优惠与企业绩效：营商环境和企业性质的调节效应[J]．税务研究，(12)：115-121．

田彬彬，王俊杰，邢思敏，2017．税收竞争、企业税负与企业绩效——来自断点回归的证据[J]．华中科技大学学报（社会科学版），31（5）：127-137．

汪冲，江笑云，2018．研发税收激励、企业资格认定与减免可持续性[J]．经济研究，53（11）：65-80．

147

税收优惠影响企业微观主体行为的有效性研究

汪冲，宋尚彬，2022. 研发投入激励对劳动收入份额的影响研究——基于人才集聚和收益共享视角 [J]. 财政研究，(9)：75-88.

汪华亮，邢铭强，2005. 最新企业税收优惠政策指南 [M]. 上海：立信会计出版社.

王春元，叶伟巍，2018. 税收优惠与企业自主创新：融资约束的视角 [J]. 科研管理，39（3）：37-44.

王春元，2017. 税收优惠刺激了企业 R&D 投资吗？[J]. 科学学研究，35（2）：255-263.

王春元，于井远，2020. 财政补贴、税收优惠与企业自主创新：政策选择与运用 [J]. 财经论丛，(10)：33-43.

王登礼，赖先进，郭京京，2018. "研发费加计扣除政策"的税收激励效应——以战略性新兴产业为例 [J]. 科学学与科学技术管理，39（10）：3-12.

王乔，黄瑶妮，张东升，2019. 支持科技成果转化的财税政策研究 [J]. 当代财经，(7)：28-36.

王淑杰，2017. 美国税式支出预算管理的启示 [J]. 税务研究，(10)：71-74.

王硕，杜兰英，余宜珂，2019. 税收对企业自利性动机下慈善捐赠的影响分析 [J]. 税务研究，(7)：96-100.

王素荣，刘宁，2012. 税收优惠政策对行业净利润影响的统计分析——基于中国非金融上市公司的年报数据 [J]. 北京工商大学学报（社会科学版），27（2）：97-102.

王薇，2020. 环境经济政策对企业绿色行为的影响研究 [D]. 武汉：中南财经政法大学.

王玮，2017. 税收优惠的公共治理：制度框架与我国的选择 [J]. 当代财经，(10)：26-33.

王玺，刘萌，2020. 研发费用加计扣除政策对企业绩效的影响研究——基于我国上市公司的实证分析 [J]. 财政研究，(11)：101-114.

王仲玮，2015. 制度环境、政治关联与税收优惠——基于民营上市公司的经验数据 [J]. 江西师范大学学报（哲学社会科学版），48（6）：28-36.

魏雪梅，2017. 实现税收法治的国际经验借鉴 [J]. 税务研究，(2)：62-66.

魏紫，姜朋，王海红，2018. 小型微利企业所得税优惠政策经济效应的实证分析 [J]. 财政研究，(11)：96-106.

吴斌，徐雪飞，孟鹏，魏军波，2019. 产业集聚、税收竞争与企业税负 [J]. 东南大学学报（哲学社会科学版），21（1）：66-76+144.

吴联生，2009. 国有股权、税收优惠与公司税负 [J]. 经济研究，44（10）：109-120.

吴松彬，黄惠丹，张凯，2019. R&D 税收激励有效性与影响因素——基于 15%税率式优惠和研发加计扣除政策的实证比较分析 [J]. 科技进步与对策，36（11）：117-124.

吴松彬，张凯，黄惠丹，2018. R&D 税收激励与中国高新制造企业创新的非线性关系研究——基于企业规模、市场竞争程度的调节效应分析 [J]. 现代经济探讨，(12)：61-69.

吴小强，王海勇，2017. 新常态下促进就业的所得税政策目标取向 [J]. 税务研究，(10)：14-18.

伍舫，2004. 税收优惠指南（修订版）[M]. 北京：中国税务出版社，2004.

解洪涛，张建顺，王伟域，2019. 增值税进项留抵、现金流挤占与企业融资成本上升——基于 2015 税源调查数据的实证检验 [J]. 中央财经大学学报，(9)：3-12.

解洪涛，张建顺，2020. 资源综合利用税收优惠政策效果再评估——基于税源调查数据的实证分析 [J]. 当代财经，(3)：38-49.

席建成，韩雍，2019. 中国式分权与产业政策实施效果：理论及经验证据 [J]. 财经研究，45（10）：100-111.

席卫群，2017. 研发费用加计扣除税收政策效应分析——以江西省为例 [J]. 社会科学家，(12)：76-83.

谢申祥，王晖，2021. 固定资产加速折旧政策的就业效应 [J]. 经济学动态，(10)：100-115.

邢会强，2014. 税收优惠政策之法律编纂—清理规范税收优惠政策的法律解读 [J]. 税务研究，(3)：68-72.

熊彼特．1979. 资本主义、社会主义和民主主义 [M]. 吴良健译. 北京：商务印书馆.

熊伟，2014. 法治视野下清理规范税收优惠政策研究 [J]. 中国法学，(6)：154-168.

熊瑞祥，刘威，2022. 税收优惠对就业与工资的影响——基于增值税转型改革的准自然实验 [J]. 贵州财经大学学报，(5)：13-22.

许玲玲，2017. 高新技术企业认定、政治关联与民营企业技术创新 [J]. 管理评论，29（9）：84-94.

许伟，陈斌开，2016. 税收激励和企业投资——基于2004~2009年增值税转型的自然实验 [J]. 管理世界，(5)：9-17.

薛钢，张道远，王薇，2019. 研发加计税收优惠对企业全要素生产率的激励效应 [J]. 云南财经大学学报，35（8）：102-112.

杨国超，芮萌，2020. 高新技术企业税收减免政策的激励效应与迎合效应 [J]. 经济研究，55（9）：174-191.

杨娟，2017. 我国慈善信托所得税优惠制度探析 [J]. 财经问题研究，(8)：60-66.

杨磊，2019. 关于优化税收政策激励企业研发的思考 [J]. 税务研究，10）：45-48.

杨晓妹，刘文龙，2019. 财政R&D补贴、税收优惠激励制造业企业实质性创新了吗？——基于倾向得分匹配及样本分位数回归的研究 [J]. 产经评论，10（3）：115-130.

叶金育，2016. 税收优惠统一立法的证成与展开——以税收优惠生成模式为分析起点 [J]. 江西财经大学学报，104（2）：114-129.

于海珊，杨芷晴，2016. 税收优惠对中小企业投融资能力的影响 [J]. 财政研究，(12)：101-110.

于连超，张卫国，毕茜，2019. 环境税对企业绿色转型的倒逼效应研究 [J]. 中国人口资源与环境，29（7）：112-120.

余红艳，袁以平，2018. 中国税收优惠政策转型：从"相机抉择"到"稳定机制" [J]. 税务研究，(10)：39-44.

袁宏伟，2010. 上市公司隐性税负对其股票收益的影响研究——基于隐性税率与股票收益率的VAR模型分析 [J]. 软科学，24（12）：117-122.

袁淳，盛誉，2021. 税收优惠政策与企业纵向一体化——来自"加速折旧政策"的准自然实验证据 [J]. 吉林大学社会科学学报，61（6）：116-126+233.

袁晓玲，吕文凯，2019. 从"资源引致"向"效率引致"——基于政府效率、引资优惠及溢出效应对FDI的影响分析 [J]. 现代经济探讨，(7)：10-18.

詹国彬，陈健鹏，2020. 走向环境治理的多元共治模式：现实挑战与路径选择 [J]. 政治学研究，(2)：65-75+127.

税收优惠影响企业微观主体行为的有效性研究

曾萍，邬绮虹，2014．政府支持与企业创新：研究述评与未来展望［J］．研究与发展管理，26（2）：98-109．

张敏，叶慧芬，童丽静，2015．财政分权、企业税负与税收政策有效性［J］．经济学动态，（1）：42-54．

张守文．1996．论税收法定主义［J］．法学研究，（6）：57-65．

张婉苏，2022．"双循环"新发展格局下的税法应对——综保区一般纳税人资格税收优惠政策视角［J］．现代经济探讨，（10）：115-123．

张先锋，卢丹，张燕，2013．税收优惠、社会性支出与外商直接投资——基于省际面板数据联立方程模型的研究［J］．经济经纬，（5）：53-58．

张现彬，王莹，2017．地方税收优惠政策"路在何方"——以税收法定和税政管理权切入［J］．地方财政研究，（3）：76-81．

张妍，刘冲，沙学康，2022．减税有助于释放创新红利吗——来自增值税转型改革的理论与经验证据［J］．中南财经政法大学学报，（6）：68-81．

赵廉慧，2016．慈善信托税收政策的基本理论问题［J］．税务研究，（8）：110-113．

郑贵华，李呵莉，潘博，2019．财政补贴和税收优惠对新能源汽车产业R&D投入的影响［J］．财经理论与实践，40（4）：101-106．

周燕，潘遥，2019．财政补贴与税收减免——交易费用视角下的新能源汽车产业政策分析［J］．管理世界，35（10）：133-149．

赵灿，刘啟仁，袁劲，2022．税收政策激励与企业风险承担——基于固定资产加速折旧政策的微观经验证据［J］．经济科学，（5）：95-106．

BAGHANA R，MOHNEN P．2009．Effectiveness of R&D Tax Incentives in Small and Large Enterprises in Quebec［J］．MERIT Working Papers．

BERGER P G．1993．Explicit and Implicit Tax Effects of the R & D Tax Credit［J］．Journal of Accounting Research，31（2）：131-171．

BERNSTEIN J I．1986．The Effect of Direct and Indirect Tax Incentives on Canadian Industrial R&D Expenditures［J］．Canadian Public Policy / Analyse de Politiques，12（3）：438-448．

BOND E，SAMUELSON L．1986．Tax Holidays as Signals．The American Economic Review，76（4）．

CARVALHO A．2012．Why are tax incentives increasingly used to promote private R&D?［J］．Economic Essays，（1）：113-130．

CAPPELEN A，RAKNERUD A，RYBALKA M．2012．The Effects of R&D Tax Credits on Patenting and Innovations［J］．Discussion Papers，41（2）：0-345．

CALLIHAN D，WHITE R．1999．An Application of the Scholes and Wolfson Model to Examine the Relation Between Implicit and Explicit Taxes and Firm Market Structure［J］．Journal of the American Taxation Association，（1）：1-19．

CHIRINKO R S，WILSON D J．2008．State Investment Tax Incentives：A Zero-Sum Game?［J］．Journal of Public

Economics, 92 (12): 2362-2384.

CORDES J J. 1989. Tax Incentives and R&D spending: A Review of the Evidence [J]. 18 (3): 0-133.

CZARNITZKI D, HANEL P, ROSA J M. 2004. Evaluating the Impact of R&D Tax Credits on Innovation: A Microeconometric Study on Canadian Firms [J]. SSRN Electronic Journal.

DALTON R J. 2012. Politics in Germany: Online Edition [EB/OL]. (2012-01-09) [2021-07-09]. http://www.socsci.uci.edu/~rdalton/germany/ch9/chap9.htm

DASGUPTA P, STIGLITZ J. 1980. Industrial Structure and the Nature of Innovation Activity [J]. Economic Journal, 90 (358): 266-293.

EDGERTON J. 2012. Investment, Accounting and the Salience of the Corporate Income Tax [J]. NBER Working Papers.

EISNER R, SULLIVAN S. 1984. The New Incremental Tax Credit For R&D: Incentive or Disincentive? [J]. National Tax Journal, 37 (2): 171-183.

FOREMAN P J. 2013. Effectiveness and Efficiency of SME Innovation Policy [J]. Small Business Economics, 41 (1): 55-70.

FORSYTH D, DOCHERTY K. 1972. US Investment in Scotland [J]. New York Praeger, 24 (2): 11-20.

GREGORY T. PAPANIKOS. 2012. Why are Tax Incentives Increasingly Used to Promote Private R&D? [M]. Athens, Greece: Athens Institute for Education and Research, 113-130.

GREGORY T. 2007. Tax incentive for innovation: time to restructure the R&E tax credit [J]. Journal of Technology Transfer, (32): 605-615.

GUPTA A S. 2007. Determinants of Tax Revenue Efforts in Developing Countries [J]. IMF working papers, 7(184): 1-41.

HARRIS R, LI Q C, TRAINOR M. 2009. Is a Higher Rate of R&D Tax Credit a Panacea for Low Levels of R&D in Disadvantaged Regions? [J]. Research Policy, 38 (1): 0-205.

HAUFLER A. 2000. Corporate Tax Systems and Cross Country Profit Shifting [J]. Oxford Economic Papers, 52 (2): 306-325.

HOWELL H, JANET G. 2002. Stotsky and Eduardo Ley. Tax Incentive for Business Investment: A Primer for Policy Makers in Developing Countries [J]. World Development, (30): 1497-1516.

JAMES S. 2010. Providing Incentives for Investment: Adviece for policymakers in Developing Countries [J]. In Practice Investment Policy and Promotion, 7 (3): 1-8.

JAMES S. 2020. Tax and Non-Tax Incentives and Investments: Evidence and Policy Implications [J]. Investment Climate Advisory Service of the World Bank Group, (3): 1-72.

JORGENSON D W. 1962. Capital Theory and Investment Behavior [J]. American Economic Review, 53(2): 247-259.

KEUSCHNIGG C, NIELSEN S B. 2000. Tax Policy, Venture Capital, and Entrepre-neurship [J]. Journal of Public Economics, 87 (1): 175-203.

KLEM A. 2010. Causes, benefits, and risks of business tax incentives [J]. International Tax Public Finance, (17): 315-336.

KOBAYASHI Y. 2014. Effect of R&D Tax Credits for SMEs in Japan: Micro-Econometric Analysis Focused on Liquidity Constraints [J]. Small Business Economics, 42 (2): 311-327.

MCLURE. 1980. Administrative Consideration in the Design of Regional Tax Incentives [J]. National Tax Journal, 33 (2): 177-188.

MINNITI, VENTURINI. 2017. R&D Policy, Productivity Growth and Distance to Frontier [J]. Economics Letters, (156): 92-94.

MINTZ. 1988. An Empirical Estimate of Corporate Tax Refundability and Effective Tax Rates, Quarterly Journal of Economics, 103 (1): 112-119.

NEWBOULD G D, ANDERSON C R F. 1992. Leverage Buyouts Special Issue: Leveraged Buyouts and Tax Incentives [J]. Financial Management, 21 (1): 50-57.

PARISI, SEMBENELLI A. 2003. Is Private R&D Spending Sensitive to its Price? Empirical Evidence on Panel Data for Italy [J]. Empirica, 30 (4): 357-377.

PARYS A. 2012. Empirical evidence on the effects of tax incentives [J]. International Tax Public Finance, (19): 393-423.

PARYS S V, JAMES S. 2010. The Effectiveness of Tax Incentives in attracting investment: Panel Data Evisence from the CFA Franc Zone [J]. International Tax Public Finance, (17): 400-429.

PIERCE, LAWRENCE C, PECHMAN, JOSEPH A. 2000. Federal Tax Policy [J]. The American Political Science Review, 66 (4): 1366-1345.

PORCANO. 1986. Corporate Tax Rates: Progressive, Proportional, or Regressive[J]. Journal of the American Taxation Association, 7 (2): 113-120.

RAFF H, SRINIVASAN K. 1998. Tax Incentives for Import-Substituting Foreign Investment: Does Signaling Play a Role? [J]. 67 (2): 167-193.

RAO N. 2013. Do Tax Credits Stimulate R&D Spending? The Effect of the R&D Tax Credit in its First Decade [J]. SSRN Electronic Journal.

RUMINA, BALANDINA, BANNOVA. 2015. Evaluating the effectiveness of tax incentives in order to create a modern Tax mechanism innovation development [J]. Social and Behavioral Sciences, 166: 156-160.

SCHICK A. 2007. Off-budget Expenditure: An Economic and Political Framework [J], OECD Journal on Budgeting, 7 (3): 113-120.

参考文献

SHEVLIN. 1987. Taxes and Off-Balance-Sheet Financing: Research and Development Limited Partnerships [J]. Accounting Review, 62 (3): 22-30.

SHOLES M A, WOLFSON, 等, 著, 2004. 税收与企业战略 [M]. 张雁翎, 等, 译, 北京: 中国劳动社会保障出版社

SPENCE M. 1984. Cost Reduction, Competition and Industry Performance [J]. Econometrica, 52 (1): 101-121.

SCHALTEGGER S, Wagner M. 2011. Sustainable Entrepreneurship and Sustainability Innovation: Categories and Interactions [J]. Business Strategy and the Environment, 20: 222-237.

STICKNEY, MCGEE. 1983. Effective Corporate Tax Rates the Effect of Size, Capital Intensity, Leverage, and Other Factors [J]. Journal of Accounting and Public Policy, 1 (2): 33-40.

SURREY. 1973. Pathways to Tax Reform: The Concept of Tax Expenditures [M]. Cambridge: Harvard University Press.

TIKHONOVA A V. 2017. An Integral Approach to Evaluating the Effectiveness of Tax Incentives [J]. Journal of Tax Reform, 4 (2): 157-173.

WILKIE PJ. 1991. Empirical Evidence of Implicit Taxes in the Corporate Sector [J]. The Journal of American Taxation Association, 1 (2): 34-50.

WILSON, DANIEL J. 2009. Beggar Thy Neighbor? The In-State, Out-of-State, and Aggregate Effects of R&D Tax Credits [J]. Review of Economics and Statistics, 91 (2): 431-436.

WU W, WU C, ZHOU C, et al. 2012. Political Connections, Tax Benefits and Firm Performance: Evidence from China [J]. Journal of Accounting and Public Policy, 31 (3): 277-300.

YANG, CHIH HAI, HUANG C H, et al. 2013. Tax Incentives and R&D Activity: Firm-Level Evidence from Taiwan [J]. Social Science Electronic Publishing, 34 (5): 110-119.

YANG C H, HUANG C H, HOU T C T. 2012. Tax incentive and R&D activity: Firm-level evidence from Taiwan [J]. Research Policy, (41): 1578-1588.

ZOLT E. 2015. Incentives: Protecting the Tax Base [J]. Paper for Workshop on Tax Incentives and Base Protection, (4): 05-12.